U0613232

本书编委会·

水产绿色健康养殖技术推广"五大行动"丛书

全国水产技术推广总站

宁夏渔业绿色高质量发展
技术模式推广指南

张朝阳　李　斌　主编

中国农业出版社

北京

图书在版编目（CIP）数据

宁夏渔业绿色高质量发展技术模式推广指南 / 张朝阳，李斌主编. -- 北京：中国农业出版社，2024. 10.（水产绿色健康养殖技术推广"五大行动"丛书）.
ISBN 978-7-109-32426-8

Ⅰ. F326.474.3-62

中国国家版本馆CIP数据核字第2024EU0606号

中国农业出版社出版

地址：北京市朝阳区麦子店街18号楼

邮编：100125

责任编辑：王金环　蔺雅婷

版式设计：小荷博睿　责任校对：吴丽婷

印刷：北京中科印刷有限公司

版次：2024年10月第1版

印次：2024年10月北京第1次印刷

发行：新华书店北京发行所

开本：880mm×1230mm 1/32

印张：6

字数：162千字

定价：58.00元

前言

　　渔业是宁夏农业农村特色产业和重要基础产业，也是宁夏"塞上江南、鱼米之乡"的标志性产业。随着渔业资源环境约束的进一步加大，渔业生产空间发生重大变化，"十四五"期间，宁夏认真学习习近平新时代中国特色社会主义思想，贯彻落实习近平生态文明思想，树立大农业观、大食物观，科学布局渔业生产区域，合理利用水域资源，构建渔业空间格局，转变生产方式，推进产业转型升级，加强养殖尾水治理，减少面源污染，推动渔业结构优化调整，确保水产养殖绿色高质量发展、生态环境持续利用和产品质量安全，助力黄河流域生态保护和高质量发展先行区、国家农业绿色发展先行区建设。

　　科技是第一生产力，人才是第一资源，创新是第一动力。为认真开展水产绿色健康养殖，扎实实施水产绿色健康养殖技术推广"五大行动"，宁夏回族自治区水产技术推广站组织技术人员，针对渔业结构优化调整和水产养殖绿色高质量发展过程中出现的生产实际问题，采取理论与实践相结合、技术与案例相配套的方式，总结提炼了一批近年来引进集成、示范创新、推广形成的水产养殖新技术、新模式、新装备，以及开展水生动物病害防控、渔业环境检测和水产品质量安全监测等方面的先进实用技术，采取通俗易懂、深入浅出、图文并茂、全彩图解的方式，编撰形成了《宁夏渔业绿色高质量发展技术模式推广指南》一书，顺应产业发展需要，满足基层技术人员和广大渔业生产者的需求。

　　本书共分四个部分。第一部分为水产技术推广篇，重点介绍了宁夏近年来在渔业绿色高质量发展方面集成创新形成的水产养殖新技术新模式新装备，以及推广过程中成功的技术案例；第二部分为水产养殖尾水治理篇，主要介绍了推动养殖水域资源合理利用所形成的治理技术模式，以及尾水治理过程中取得的成效；第三部分为水生动物疾病防控篇，分别介绍了养殖生产过程中发生的主要疾病类型、防控措施，以及疾病检疫流程和科学用药原则；第四部分为水质检测与水产品监测篇，简要介绍了渔用有益微生物在水质调节和养殖过程中发挥的作用，渔业水质检测的要求、方法和尾水排放标准值，以及产地、市场水产品质量安全监测的操作流程、主要检测参数和限量值。书中的图片主要来源于编者，引用的照片已注明了来源。希望本书的出版能够为全区渔业绿色高质量发展提供借鉴和帮助，调整优化渔业结构，推动渔业技术更新换代，促进全区渔业转型升级，加快现代渔业发展，助力黄河流域生态保护和高质量发展。

  本书由宁夏回族自治区农业农村厅渔业渔政管理局和宁夏回族自治区水产技术推广站组织技术推广人员编写，内容来自编者团队的研究成果，引用了已发表的论文和著作，既有相关技术参数的原理性说明，又有养殖生产实践中的经验和心得，希望通过图文并茂的形式能够取得一看就会、一读就懂、一用就灵的效果。本书可供广大水产养殖从业者指导生产使用，也适用于水产技术人员和管理人员学习推广相关技术。

  本书在编写过程中，得到了相关部门、有关单位以及多位专家的大力支持和帮助，在此一并表示衷心的感谢！同时，向编写中参阅和引用的论著、图片的有关作者表示由衷的谢意！

  由于编者水平有限，以及先进技术模式的不断升级迭代、熟化深化，书中难免出现纰漏和不足，敬请广大读者批评指正。

编　者
2024 年 6 月

CONTENTS

目录

第一部分

水产技术推广篇

第一章

鲤鱼草鱼"健身瘦身"养殖技术

▶ 第一节　技术原理

鲤鱼、草鱼、鲢、鳙作为宁夏水产养殖的常规品种，产量占全区水产品总产量的85%，其中，鲤鱼、草鱼养殖产量占到总产量的70%。为全面提升鲤鱼、草鱼等大宗品种的附加值、市场占有率和品牌竞争力，推动渔业结构优化调整，助力产业绿色健康、高质高效发展，2021年以来，宁夏开展了鲤鱼、草鱼"健身瘦身"养殖技术的试验研究和示范推广。

基于鱼类对食物、环境变异响应快的特异习性，以鲤鱼、草鱼等大宗品种为主，将池塘、流水槽、稻田等养殖的鱼类，利用循环水专用养殖设施，清洁水微流动进行稀养、顶水、冲水、吊水、透水，投喂"健身瘦身"饲料（饲料中加30%的皇竹草）或投喂蚕豆，使鱼体内的脂肪含量减少，鱼体腹部结实修长，肉质紧实度提高，鱼体肌肉形成蒜瓣状，鱼肉变脆，富有弹性，口感鲜甜，鲜味提升，甜味突出，达到"无土腥味、蒜瓣状、鲜甜、脆爽"的优质水产品标准，提升鲤鱼、草鱼等大宗品种的品质。

重点通过三级体系对鲤鱼、草鱼等大宗品种进行"健身瘦身"。一级停食、吊水、顶活水：减少体内脂肪含量，鱼体修长，鱼肉紧实，达到无肚腩的标准；二级稀养、透清水：体色变亮，降低土腥味，提升鲜度，鱼肉变甜，达到无土腥味、无黑膜的标准；三级投喂专用饲料、蚕豆：鱼肉快速形成蒜瓣状，肉质变脆，肌肉紧实，富有弹性，达到肌肉蒜瓣状的标准。

通过"健身瘦身"养殖，鲤鱼、草鱼等大宗品种形成可感知、可识别、可量化的优质农产品评判要求，提升品质，提高效益。

第二节　技术路线

以鲤鱼、草鱼等大宗品种为主，将常规养殖的鱼类，利用"健身瘦身"养殖设施，进行微流水养殖提升品质，达到"无土腥味、蒜瓣状、鲜甜、脆爽"的优质水产品标准。鲤鱼、草鱼"健身瘦身"养殖技术路线见图1-1。

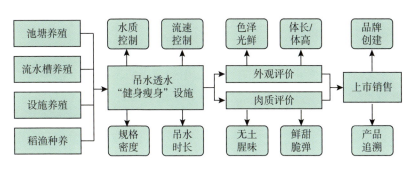

图1-1　"健身瘦身"养殖技术路线

第三节　模式实景

利用工厂化养殖设施或建设小型"健身瘦身"专用设施，对常规养殖的鲤鱼、草鱼进行吊水、透水养殖。鲤鱼、草鱼"健身瘦身"养殖模式实景见图1-2。

图1-2 鲤鱼、草鱼"健身瘦身"养殖模式实景

▶第四节 "银川鲤鱼"地理标志农产品质量评价体系

"银川鲤鱼"地理标志农产品商标，由银川市水产技术推广服务中心于2010年申请登记并持有，保护范围包括银川市辖区内的养殖水域、黄河宁夏银川段及其附属水域。通过推广"健身瘦身"技术，目前已形成的"银川鲤鱼"地理标志农产品质量评价体系见表1-1。

表1-1 "银川鲤鱼"质量评价体系

中文名	鲤鱼（俗称黄河鲤鱼）
地理标志产品	银川鲤鱼
商品名称	健身鱼、吊水鱼、瘦身鱼、脆肉鱼
生物学特征	体形侧扁，呈纺锤形 体色背部稍暗，体侧金黄色，腹部较白 鳍色：胸鳍、腹鳍呈橘黄色、臀鳍、尾鳍下叶橙红色 耐长途运输
"健身瘦身"时间	15～30天
商品形体特征	金铠甲红尾巴，眼似珍珠鳞似金 无"肚腩"；体长与体高比值由<3.0变为3.0以上 腹腔无黑膜，内脏重量降低，含肉率提高
肌肉风味特征	肌肉无土腥味，土臭素低于900纳克/千克的臭味感觉指标 蒜瓣肉；肉质鲜美、甜香、肉爽、有弹性 胶原蛋白含量显著提升
肌肉热变特性	弹性增大，久煮不烂 肉片在水中煮30分钟而不破碎
营养物质特征	肌肉蛋白质含量提高，增大到15.3%～17.9% 肌肉脂肪含量降低，减小到3.6%～5.2%
美食做法改变	由红烧系列迈向清蒸、鱼片系列

▶ 第五节　草鱼"健身瘦身"质量评价体系

　　草鱼是宁夏主要的养殖品种，产量占到总产量的30%以上，采取"健身瘦身"养殖能够取得"无土腥味、蒜瓣状、鲜甜、脆爽"的效果，目前已形成的草鱼"健身瘦身"质量评价体系见表1-2。

表 1-2 草鱼"健身瘦身"质量评价体系

品种图片	
中文名	草鱼
商品名称	健身鱼、瘦身鱼、吊水鱼、透水鱼、脆肉鱼、脆肉鲩
"健身瘦身"时间	10～15 天
生物学特征	体形呈长筒形 体色青绿、黄绿，背部色深，腹部乳白 胸鳍、腹鳍微黄色，背鳍、臀鳍、尾鳍淡灰色 耐长途运输
商品形体特征	体形修长，鱼体中段横截面呈圆筒形 无"肚腩"；体长与体高比值增加到 4.0～4.5 体宽与体高比值大于 1.0 腹腔无黑膜，内脏重量降低，含肉率提高
肌肉风味特征	肌肉无土腥味，土臭素低于 900 纳克/千克的臭味感觉指标 蒜瓣肉；肉质鲜美、甜香、脆爽、有弹性 胶原蛋白含量显著提升
肌肉热变特性	弹性增大，久煮不烂 肉片在水中煮 30 分钟而不破碎
营养物质特征	肌肉氨基酸含量提高到 16.8 克/千克，比鳗鲡高 2.75 克/千克 鲜味氨基酸含量提高到 6.61 克/千克，比鳗鲡高 1.23 克/千克
美食做法改变	由红烧系列迈向清蒸、鱼片系列

▶ 第六节 技术推广案例

　　鲤鱼、草鱼产量占全区水产养殖总产量的 70% 左右，价格及效益变化对全区水产养殖产业影响较大。传统养殖模式下，两种鱼价格多年稳定在每千克12元左右，与养殖成本基本持平，养殖效益低下，口感品质下降，市场优势弱化。2021年起，宁夏回族自治区水产技术推广站以"银川鲤鱼"地理标志保护工程项目为抓手，结合常规品种"健身瘦身"养殖模式推广，与银川市的4家养殖企业签订合作协议，开展鲤鱼、草鱼"健身瘦身"品质鉴定试验研究和示范推广，建立全产业链标准体系、标准化养殖体系、质量追溯体系，开展品牌宣传与推介，助推"银川鲤鱼"旧貌换新颜，在经济效益和社会效益方面均取得了较大成效。

一、材料与方法

（一）材料

银川科海生物技术有限公司（贺兰县常信乡四十里店村）、宁夏新明润源农业科技有限公司（贺兰县立岗镇高荣村）、宁夏绿方水产良种繁育有限公司（永宁县黄羊滩农场）、灵武金河渔业合作社（灵武市梧桐树乡李家圈村）4家养殖企业因地制宜，利用工厂化养殖设施或建设小型"健身瘦身"专用设施，将池塘标准化养成的腹部肥厚的商品鱼（养殖周期两年以上，规格1～3千克）放入水体循环流动的养殖池中，放养密度为每立方米水体20～25千克，停食进行吊水、透水养殖10～30天，在4个不同时间点（1天、7天、14天、21天）进行重复采样，委托有资质的检测机构，对样品的形体指标、营养指标、质构指标、感官指标等进行检测和评价。

（二）检测评价方法

每次采样时，每个品种的样本数量为3尾，要求个体大小均匀，采用活体包装空运到检测机构，检测机构现场测量和提取肉质进行四类指标的检测。2022年重复采样检测3次，2023年重复采样检测2次，以确保检测数据的准确性。

1. 形体指标。 主要包括雌雄、全长、肥满度、内脏指数、胴体比、肝指数、腹腔脂肪指数等指标的检测和评价。

2. 营养指标。 主要包括常规物质（粗蛋白、粗脂肪、粗灰分、水分）、氨基酸营养指标（23种风味游离氨基酸、17种必需氨基酸）、脂肪酸（n-3多不饱和脂肪酸、EPA、DHA等37项指标）、胶原蛋白（羟脯氨酸胶原蛋白）等指标的检测和评价。

3. 质构指标。 主要包括质构参数（硬度、弹性、咀嚼性、黏聚性、胶着性、回复性）、切片透射肌纤维直径、GC-MS（顶空固相微萃取泥腥味）以及其他参数（滴水损失、pH）的检测和评价。

4. 感官指标。 主要包括外观视觉（鳞片色、体色、肉色）、嗅觉芳香（香味、异味）、味觉风味（滋味、异味）、咀嚼质地（硬度、多脂性、蒜瓣肉、肌纤维Z线）等指标的检测和评价。

二、检测评价结果

（一）形态学参数变化

在评估鱼类形态学变化时，体重、内脏指数和肥满度是重要的指标。内脏指数和肥满度数值越大，说明鱼体越肥胖；反之，鱼体越瘦。经过"健身瘦身"养殖，鱼体重、内脏指数和肥满度全部呈现规律性下降，体重下降8%～25%，空壳率（出肉率）由90%以下提高到90%以上。鲤鱼体长/体高值由健身前的3.0～3.37变为3.03～4.37，平均值由3.19变为3.47，鱼体更加修长。

（二）营养成分组成变化

鱼体肌肉主要由水分、蛋白质、脂肪和灰分组成。常规养殖鱼类的水分含量约占80%，蛋白质含量约占18%，脂肪和灰分的含量相对较低，分别约占2%和1%。随着"健身瘦身"养殖时间的延长，鱼体水分含量呈现增加的趋势，由健身前的78.45%增加到健身后的80.92%；蛋白质和脂肪含量呈现下降的趋势，粗蛋白由健身前的18.12%降到16.51%，粗脂肪由健身前的2.19%降到1.43%，时间越长下降越多。"健身瘦身"养殖过程减小了肌纤维和降低了鱼腥味，说明"健身瘦身"养殖具有提升鱼肉口感的作用。

氨基酸是构成蛋白质的基本单位，它们通过肽键连接在一起形成蛋白质分子。人体需要多种不同类型的氨基酸来合成各种功能蛋白质，包括必需氨基酸和非必需氨基酸。"健身瘦身"养殖后鱼肉的总体氨基酸含量（包括鲜味氨基酸和呈味氨基酸）均呈现下降的趋势，这是因为当机体经历饥饿时，会分解蛋白质以供应能量和满足其他生理需求。

脂肪酸是机体脂肪的主要组成部分，分为饱和脂肪酸、单不饱和脂肪酸和多不饱和脂肪酸。脂肪酸在机体中扮演着重要角色，包括作为能量来源、构成细胞膜、合成激素和维生素 D 等，也是人体发挥对脂溶性维生素的吸收和运输作用的重要物质。经过"健身瘦身"养殖，鱼体脂肪酸含量呈现先上升后下降的变化趋势，其中，引起人体心脑血管疾病、肥胖和癌症等的单不饱和脂肪酸含量明显降低，对人体健康有益的多不饱和脂肪酸的含量明显升高。"健身瘦身"养殖可以有效改善鱼肉脂肪酸的组成，有利于人体健康。

胶原蛋白是一种结构蛋白质，富含甘氨酸、羟脯氨酸和脯氨酸等氨基酸，食用鱼肉中的胶原蛋白可带来一些潜在的健康益处，如促进皮肤健康、增加骨骼密度、改善关节功能等。经过21天的"健身瘦身"养殖，鲤鱼肉中的胶原蛋白含量由健身前的40.42微克/克提高到42.59微克/克，并且随着"健身瘦身"养殖时间的延长，胶原蛋白含量明显提高。

（三）质构变化

质构是评价鱼肉质量的一类重要指标，包括硬度、弹性、黏性、咀嚼性、胶着性、黏聚性和回复性等。"健身"后肌肉质构中的硬度、弹性、黏性、咀嚼性、胶着性全部变大，嚼劲增加。个体越大，上述变化越明显。随着"健身瘦身"养殖时间的延长，鱼肉的质构指标呈现先下降后上升的变化趋势，表明"健身瘦身"养殖使得鱼肉质地更紧实，并具有更好的口感和弹性。

（四）腹黑膜和肌肉感官变化

腹黑膜是指鱼类腹腔内覆盖的一层黑色薄膜，是一种由单层腹膜上皮细胞和结缔组织构成的细胞薄膜。"健身"后鲤鱼腹腔内腹黑膜不明显，草鱼腹腔内仍存在明显的腹黑膜。"健身瘦身"养殖对腹黑膜的颜色深度有一定缓解作用，这可能是鱼类在饥饿状态下能量消耗和代谢调节的结果。但腹黑膜和泥土腥味之间并没有直接的相关性。"健身瘦身"养殖后，肌肉感官指标中的多汁性、多脂性、蒜瓣性呈升高趋势，肌肉纹理明显、有光泽，其中，健身21天后，鱼体体色变亮，鳞片色（最高指标等级为10）由健身前的6.5～7.0变为8～9；肉色变白，个体越大肉色越白；蒜瓣肉变多，个体越大蒜瓣状越明显。

（五）土臭素含量变化

土臭素是一种有机化合物，是水生动物产生土腥味的主要因素之一。一般认为，当土臭素含量低于900纳克/千克时，就闻不到土腥味。鲤鱼"健身瘦身"养殖14天后，肌肉中的土臭素含量才出现变化，随着时间的增加，土臭素含量明显降低；瘦身25天，土臭素指标从吊水前的2 187.79～2 929.91纳克/千克降至685.29～913.52纳克/千克，低于人类感知的阈值。草鱼在"健身瘦身"养殖14天后，肌肉中的土臭素含量就可以从796.24～2 229.45纳克/千克降至15.47～412.45纳克/千克，难以被人类的味蕾觉察。采用"健身瘦身"养殖去除鱼的土腥味时，鲤鱼的"健身瘦身"时长是草鱼的2倍以上。

三、检测评价讨论

（一）数据规律性与样品数量直接关联

随着"健身瘦身"养殖时间的延长，体重、内脏指数和肥满度等形态学参数大体呈现相似的变化趋势。然而，多次重复样品中的个别情况出现了体重不降反增的现象，这可能是由采集的样品量较少、雌雄不同、性腺发育不同等因素所致。在严格的实验室环境下，应保持初始鱼的体重、雌雄、性腺发育等因素大致相同，其中体重误差范围应控制在3%以内。

（二）合理提高营养物质的含量

对于鱼肉来说，高含量的必需氨基酸和呈味氨基酸通常被视为品质好的表现。较高的必需氨基酸含量表示鱼肉可提供较多营养物质，有助于人体维持身体健康和支持正常生理功能；较高的呈味氨基酸则可以增加鱼肉的鲜味和风味，提高食物的口感和满足感。然而，需要注意的是，氨基酸含量并不是越高越好。高蛋白食品虽然对健康有益，但过量摄入氨基酸可能对身体产生负面影响。例如，摄入过多的必需氨基酸可能增加肾脏负担，导致肾脏损伤。对于某类人群来说，过量摄入呈味氨基酸（如谷氨酸）可能引起过敏或不良反应。

（三）"健身瘦身"可去除土腥味

土臭素通过食物链传递，最终进入鱼体内。在鱼体内，一些微生物会进一步降解土臭素，形成挥发性有机化合物和胺类物质，这些物质通常被认为是土腥味的主要来源。"健身瘦身"养殖是降低鲤鱼和草鱼肌肉土腥味的有效方法之一，而由于草鱼和鲤鱼本身土臭素含量的差异，"健身瘦身"养殖的时间有所不同。

（四）"健身瘦身"使品质提升显著

采取建设专用设施的方式进行鱼类"健身瘦身"，鲤鱼、草鱼养殖25天左右，可瘦身10%左右，体形修长无"肚腩"、腹腔内部无黑膜、鱼肉无土腥味，肌肉质构中的硬度、弹性、咀嚼性等指标全部提升，延链补链强链效果明显，产品得到了消费者的欢迎，销售价格得到了提高，利润率由12%提高到100%。

四、推广前景分析

（一）"健身瘦身"能够提升品质增效益

通过推广"健身瘦身"养殖技术，完成了鱼肉品质提升，解决了口感差、肉质不紧实等弱点。经过"健身瘦身"养殖的商品鱼，从商品外观特征、肉质风味特征、肌肉断裂应力、肌肉热变特性、营养物质特征、美食做法改变等13个方面初步判定，具有体色光鲜、体质强健、无土腥味、脂肪少、口感好、质量佳等特点，体重虽然下降，但价格却是普通鱼的2~3倍，打造出了一款肉质结实、味道爽滑、清香无腥、产品可溯的优质产品。

（二）构建标准体系可以助力管理育品牌

产品标准是产品质量的技术保障，同时也是技术和经济能力的综合反映，谁的技术转化为标准，谁就掌握了市场的主动权。宁夏回族自治区、银川市与中国水产科学研究院珠江水产研究所开展技术合作，对生产、流通、追溯等环节梳理分析，修订和完善了"银川鲤鱼""健身瘦身"指标参数，制定了《银川鲤鱼 全产业链标准化体系建设指南》《银川鲤鱼 养殖技术规程》《银川鲤鱼 产品标准》等3个团体标准，形成了"银川鲤鱼""健身瘦身"养殖技术路线图，规定了"银川鲤鱼"养殖的产地范围、养殖条件、苗种培育、成鱼养殖、"健身瘦身"养殖及产品质量要求等内容，建立了全产业标准体系，为品牌培育奠定了基础。

（三）精塑产品魅力能够提高影响力

在示范推广过程中，深挖"银川鲤鱼"文化内涵，设计"银川鲤鱼"礼盒包装、充气包装、商标及文创卡片，拍摄制作宣传片，充分利用自媒体宣传媒介，多角度、全方位地宣传介绍"银川鲤鱼"，使其知名度和美誉度不断提高。通过开发胴体真空冷藏、熏制"银川鲤鱼"预制菜等方式，提升产品附加值，延长产业链。

（四）掌握市场现状逐步扩大消费群体

随着"健身瘦身"养殖技术的推广，以"银川鲤鱼"为代表的"健身瘦身"鱼的品牌曝光度和影响力不断加大，市民对"健身瘦身"鱼的认可度越来越高，优质优价的市场竞争环境基本实现。2023年，通过市场消费群体调查发现，有34.21%的消费者经常吃鲤鱼、草鱼，经常吃鲤鱼、草鱼的消费群体的年龄段为40～55岁，不喜欢吃鱼的原因主要是土腥味太重和收拾起来太麻烦，有61.04%的消费者愿意接受没有土腥味、没有药物残留、价格高一倍的鲤鱼和草鱼，有87.01%的消费者愿意给孩子或老人购买品质更好、更健康的鱼，大约50%的消费者认为买鱼必须当面杀好。在今后的示范推广中，"健身瘦身"鱼要定位为中高端产品，研发方便食品和预制菜，且需要在产品形式、包装、销售方法等方面做进一步开发，以适应现代生活和吸引年轻一代消费。

第二章

池塘流水槽循环水养殖技术

▶ **第一节　技术原理**

池塘流水槽循环水养殖技术是在池塘中建设流水养鱼槽等工程化设施，将养鱼和养水（净水）在空间上相对隔离，使池塘分为流水槽养鱼区和水质净化区。具体地，指在面积30亩*以上、深度2米以上的池塘长边建设养鱼槽等工程化设施，形成一个微流水循环系统。

流水槽养鱼区包括推水区、养鱼区和集排污区，配套推水、投料、增氧、集排污等设备，流水槽总长28米、宽5米、深2.0～2.2米，底部、墙面等采用钢筋混凝土等材料浇筑；前部推水区长3米，设置罗茨鼓风机与纳米微孔管相结合的推水式充气增氧设备；中间养鱼区长22米、宽5米，底部并排安装长10～15米的微孔增氧管；集排污区长3米，设置移动式吸污设备。流水槽进水端与出水端用金属网片、聚乙烯网片等材料通过卡槽与池塘隔离，并与池塘相通。养殖品种高密度"圈养"在养鱼槽中部的养鱼区，水体通过水槽前部推水区的推水装置形成高溶氧水体并始终处于流动状态，养殖过程中鱼类的排泄物和残存饲料在微流水的作用下沉积到水槽尾部的集排污区，通过吸污设备排入岸边的发酵池中发酵分解，作为农作物和蔬菜的有机肥进行资源化利用。

水质净化区主要包括外围的池塘，池塘中放养鲢、鳙等滤食性鱼类摄取水体中的浮游动植物，种植水生植物吸收水体中的有机质

---

* 亩为非法定计量单位，1亩≈666.67米^2。下同。——编者注

和无机盐等，安装推水曝气设备释放氨氮、亚硝酸盐、硫化氢等有害物质，进行水体生态净化和整个养殖水体循环流动，改善养殖水体环境，实现养殖周期内水体零排放或达标排放。

该养殖技术能够有效提高产量和效益，提升饲料的利用率，降低捕捞的劳动强度，增加养殖废弃物的收集率。

▶ 第二节 技术路线

在池塘中开展流水槽循环水养殖，养鱼区和净水区相对分开，集约化管理，提高产量和效益，养殖水体进行生态净化和循环流动，改善养殖水体环境，水体零排放或达标排放，技术路线见图2-1。

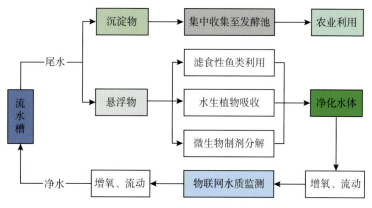

图2-1 池塘流水槽循环水养殖技术路线

▶ 第三节 模式示意

在传统池塘中建设工程化流水槽，流水槽高密度"圈养"养殖品种，水体在池塘内净化和循环利用，模式示意见图2-2。

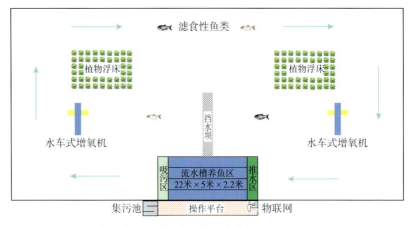

图2-2 池塘流水槽循环水养殖模式示意图

注：①建议30亩以上池塘建设流水槽；②流水槽占池塘总面积比例控制在1.5%～2.0%为宜。

第四节 模式实景

流水槽建设在池塘的一边，养鱼流水槽和净水池塘在空间上隔离，形成一个微流水循环系统进行生态养殖，养殖实景见图2-3、图2-4。

图2-3 池塘流水槽循环水养殖实景（示流水槽）

图2-4 池塘流水槽循环水养殖实景（示养殖系统全景）

第五节 技术推广案例

宁夏从2016年引进池塘流水槽循环水养鱼技术，当年在引黄灌区6个县（市、区）的9家企业的池塘中建设标准流水养鱼槽42个，同时集成、组装和配套标准化健康养殖、物联网智能管控、微生物调水、节能减排等多项技术，开展低碳高效池塘流水槽循环水养殖技术示范推广。截至目前，全区推广标准化流水养鱼槽219条，养殖面积2.4万米^2，覆盖养殖水面1 000公顷以上，取得了良好的效果。

一、养殖系统构建

（一）生产区域配比

根据养殖水体总面积，一般每10亩池塘配套建设一条标准的养鱼水槽，每3～5条标准养鱼水槽形成一组生态循环养殖系统。

一般选择面积10亩以上、深度2米以上的养殖池塘建设池塘生态循环养殖技术系统。系统分为流水槽养鱼区和水质净化区两部分，流水槽养鱼区面积占总面积的2%～3%，水质净化区面积占总面积的97%～98%。

（二）流水槽养鱼区建设

流水槽养鱼区分为推水区、养鱼区和集排污区，配套推水设备、投料设备、增氧设备、吸污设备、挡水墙等。同时，配套建设管理用房。

在池塘长边的中间位置建设养鱼水槽工程。水槽底部、墙面等用钢筋混凝土等材料浇筑而成（墙面也可采用集成材料组装），厚度20厘米。水槽前部推水区长3米，设置罗茨鼓风机与纳米微孔管相结合的推水式充气增氧设备，微孔增氧盘并排设置在进水口外侧，在增氧盘上方罩圆弧形不锈钢罩板，使从增氧盘冒出的气泡推动养鱼区水的水平流动；水槽中部养鱼区长22米、宽5米、深2.0～2.2米，两端用金属网片、聚乙烯网片等材料隔离，中间底部并排安装多根10～15米的微孔增氧管；水槽后部集排污区长3米，设置移动式吸污设备，发酵区建在池塘岸边。

（三）渔机配备

在流水养鱼槽内，每一条养鱼槽配备一个2.2千瓦的罗茨鼓风机、纳米管增氧推水设备、底部微孔增氧设备和投饵设备，在养鱼槽进水口、出水口以及净水池塘中间分别安装水产养殖物联网溶氧、pH、氨氮、亚硝酸盐等智能监控设备等，一组养殖系统配备一个移动式吸污设备。同时，配备自启式发电机1台、停电报警系统，生产厂区配备环境安全物联网测控系统。

在净水区内，配备水车式增氧机、叶轮式增氧机、涌浪机等，同时配备净水植物和生物膜。

（四）系统应用

通过相关渔业机械的综合配套设置和启动，使净水区与流水养鱼槽区的水体上下、水平、循环流动。

二、养殖技术要点

（一）养殖品种及投放数量

流水养鱼槽放养品种应以名优品种为主，宁夏主要放养耐盐碱的黄河鲤、草鱼、鲫鱼、团头鲂、丁桂等。养殖密度依据水源、水质、基础设施和技术水平、管理能力等因素而定，以养殖商品鱼为主，也可以养殖大规格的2龄鱼种。

净水区放养鲢、鳙等滤食性鱼类，少量放养黄河鲶等肉食性鱼类，种植各种水草、设置生物膜净水栅等净化水体，降解氨氮、有机质等。

（二）饲养管理

养鱼槽内的吃食性鱼类全程机械投喂配合饲料，推荐投喂浮性商品配合饲料，每天分3～4次定时机械投喂，每次投饲量要根据鱼的吃食、天气、水温等情况灵活调整。

（三）水质调控

池塘流水槽水位保持在2.0米左右，水体透明度30厘米左右。水槽内充气增氧设备每天24小时不间断开启，随时从手机或电脑上观测养鱼槽中的情况，随时监测溶氧量并自动增氧，随时监测自动吸污情况，以及水体水温、pH、氨氮和亚硝酸盐等，发现问题及时处理。

（四）集排污管理

自动运行的推水机将鱼类排泄物推至集排污区，每天定期（一般喂鱼前1小时或喂鱼2小时后）通过吸污泵将集排污区底部的废弃物吸到发酵池中，沉淀后集中处理。

（五）日常管理

做到早中晚定时巡塘，检查设备运行情况、鱼类吃食情况、水质变化情况，观察溶解氧、pH、氨氮、亚硝酸盐等水质监测参数变化情况，发现问题及时采取措施。供电发生异常时，自启式发电机要及时自动启动供电。

三、推广效益分析

（一）养殖产量

2016年，全区9家水产养殖企业分别进行了不同养殖品种、不同养殖模式的试验示范。现选择5家的5条养殖槽进行分析，具体情况详见表2-1。

表2-1　养殖基地产量统计表

养殖基地水槽编号	品种	数量（尾）	放养规格（克/尾）	养殖时间（天）	养成规格（克/尾）	产量（千克）	饵料系数
灵武市金河基地1号槽	草鱼	21 000	500	122	1 250	24 650	1.72
贺兰县灏祥基地4号槽	黄河鲤	10 000	450	120	1 350	17 300	1.7
贺兰县科海基地2号槽	草鱼	84 000	50	40	200	7 800	1.58
青铜峡天源基地3号槽	草鱼	24 000	400	130	1 250	27 225	1.6
沙坡头晟跃基地2号槽	福瑞鲤	18 600	180	150	1 140	20 140	1.6

（二）经济效益

每条养殖流水槽的建设成本为10万～12万元，初步估算基础工程和渔机设备的使用年限为5年，折算成本每年为2万～2.4万元。养殖成本主要由苗种费、饲料费、水电费、劳务工资、药费等构成。在各项成本支出中，饲料成本所占比例最大。试验示范基地的养殖效益，主要受养殖品种和销售价格的影响。具体情况详见表2-2。

表2-2 养殖基地效益表

养殖基地水槽编号	产值（元）	生产成本（元）	利润（元）
灵武市金河基地1号槽	292 880	234 343	58 537
贺兰县灏祥基地4号槽	207 600	174 500	33 100
贺兰县科海基地2号槽	109 200	81 900	27 300
青铜峡市天源基地3号槽	320 000	280 000	40 000
沙坡头区晟跃基地2号槽	211 510	210 219	1 291

（三）综合分析

对于标准化流水养鱼槽，每平方米水体产量可达157～247千克，比传统池塘养殖提高70～110倍。若按照每10亩池塘配备一条标准流水养鱼槽计算，建设了流水养鱼槽的池塘，单位产量比传统池塘提高1.7～2.7倍。

应用此技术后，可减少管理人员50%，饲料系数降低30%左右，鱼类排泄物和残剩饲料的收集率达到50%以上。产品采用订单销售模式，养殖品种有了目标性，产出有了计划性，销售有了长期持续性。

四、技术推广讨论

（一）实现了高产高效

此技术是一种新型的池塘生态养殖模式，将传统的"开放式池塘散养"模式创新为池塘循环流水"生态式集中圈养"模式，做到了池塘大水体养水、养鱼槽小水体养鱼，解决了养殖鱼类间的食性和习性、小水体与大水体的相互配合与协同等方面的具体问题。流水槽中溶氧保持在5毫克/升以上，提高了饲料的消化率、吸收利用率，饲料系数降低20%～40%。根据不同养殖品种、规格等的测产试验，每平方米流水槽的平均产量达到134千克，按每条流水槽配套10亩净化外塘计算，加上外塘滤食性鱼类产量，单位产量比传统池塘提高2.2倍，每亩池塘的平均利润达到4 131元，比传统池塘提高2.7倍。

（二）提高了水产品质量

池塘进行生态健康养殖，实现了集约化生产，捕捞方便，捕捞成本明显降低；利用水产养殖物联网智能监控系统进行全程监控，减少了病害的发生和药物的使用，用药减少50%～70%，提高了养殖水产品的质量安全；鱼类处于游动状态，肉质紧实且无土腥味，品质得到了提高。

（三）实现了节能环保

养鱼水槽末端设置集排污系统，鱼类排泄物和残剩饵料的收集率达到55%～75%，解决了池塘养殖水体富营养化和污染问题；收集到的鱼类排泄物经过沉淀，变成农作物、瓜菜、苗木的高效有机肥，做到了尾水零排放，减少了养殖水体的自身污染，实现水产养殖业的生态循环、低碳高效和可持续发展。

（四）提高了智能化监管水平

养殖基地配备水产养殖物联网智能监控系统，提高了溶氧监测控制、定时自动投喂、断电自动报警等智能化管理水平，特别是对养鱼水槽中的溶氧进行监控，能够精准监测水体中的溶氧含量，保证了溶氧稳定保持在鱼类的最佳需求状态。通过研究数据，精准养殖取代了经验养殖，实现了智能管理、智能控制。

第三章

"宽沟深槽"稻渔共作综合种养技术

第一节　技术原理

稻渔共作综合种养是基于稻渔互利共生原理，依托稻田湿地环境，对稻田实施工程化改造，构建稻渔复合生态种养系统，通过水稻种植和水产养殖、农机和农艺的融合，促进水稻种植与渔业生产进行物质循环、能量流动。采取规模开发、产业经营、标准生产、品牌运作等措施，推动"以渔促稻、稳粮增效、质量安全、生态环保"的现代农业绿色高质量发展，实现水稻稳产、水产品新增、经济效益提高、农药化肥施用量显著减少等目标，一水两用、一地多收。

宁夏稻渔共作综合种养从2009年开始规模化发展，2015年推广"宽沟深槽"稻渔共作综合种养，生产模式主要有"稻蟹共作""稻鱼共作""稻鸭共作"等，稻田养殖单元中的养鱼环沟以"宽沟深槽"为主，环沟上口宽5～8米、底宽1米、深1.5米，环沟面积占比小于10%。水稻品种以宁粳系列品种为主，养殖动物以河蟹、鲤鱼、草鱼、鲫鱼以及鸭等为主，稻渔单季种养，一年一茬，种养时间为3—10月。

稻渔共作综合种养以水稻为中心、以水产动物为主导，稻田为水产动物提供生活场所和各种天然饵料，水产动物摄取稻田中的水生动植物、水生昆虫、水稻害虫等，排泄物作为有机肥促进水稻生长，减少农药、化肥投入量，生产的"稻田蟹""稻田鱼"以及"蟹田稻""鱼田稻"等成为优质农产品，市场竞争力增强。该技术是一种集约高效、资源节约、环境友好、质量安全的现代农业发展方式，对稳定农民种稻积极性、促进农业增效和农民增收、调整农业产业结构和优化耕作制度、发展生态循环高效农业和推动三产融合发展、助力乡村振兴具有重要意义。

第二节　技术路线

以"稻蟹""稻鱼""稻鸭"等稻渔共作综合种养技术模式为主，结合有机水稻生产、水产品养殖等现代农业（农艺、渔业）技术，建立产业、生产、经营三大体系，提高资源的利用率。稻蟹种养技术路线和生产管理流程见表3-1。

第三节　模式示意

对稻田实施工程化改造，构建"宽沟深槽"稻渔共作复合生态种养系统，环田沟上口宽5～8米、底宽1米、深1.5米，环沟占比小于稻田的10%，稻渔单季种养，一年一茬，模式示意见图3-1。

图3-1　"宽沟深槽"稻渔综合种养模式示意

表3-1　宁夏稻田河蟹生态种养技术（商品蟹养殖）生产管理流程表

时间		河蟹生长管理要点		水稻生长管理要点	
3月	下旬	河蟹苗种采购	以辽河水系的河蟹为主	水稻种子购买	以宁粳43号等优良品种为主
4月	上旬			选种育种	种子进行晾晒、筛选、消毒、浸泡和催芽，适时进行拱棚育秧
	中旬	生长期			
	下旬	河蟹苗种池塘暂养阶段	清整池塘，用薄膜作防逃围栏，水口用网片包扎，注水50厘米，施肥培养水质，放芦苇、水草等形成河蟹隐蔽、脱壳场所。亩放经过消毒的160只/千克的优质蟹种50千克左右，每天下午6时投喂高蛋白饲料，占总重量的2%~5%，调节水质，加强防病防逃等日常管理工作	育苗期（稻田围栏）	在秧苗生长期分段管理移栽时秧苗达到三叶一心株高10~12厘米，秧苗粗壮且绿中透黄
		脱壳期			每10~30亩稻田作为一个养殖单元并用塑料膜围挡。膜高70厘米，围栏高60厘米
5月	上旬	生长期		水稻秧苗生长阶段	稻田四周距埂边80厘米处挖环形沟，口宽60厘米，底宽40厘米，深50厘米
	中旬				
	下旬	捕捞河蟹放入稻田	降低池塘水位，用蟹笼捕捞蟹种。每亩稻田放经过消毒的蟹种500只	插秧期	"宽窄行相靠，边行密植"插秧。宽行40厘米，窄行20厘米，蟹沟两侧80厘米处加一行，确保秧苗不减少
6月	上旬	脱壳期	稻田插秧3天后，及时投放蟹种，稻田水深保持在15厘米		
	中旬			分蘖期	
	下旬	生长期	每天上午7时、下午7时，投喂河蟹饲料。6月，鲜活动物性饲料或商品饲料占60%，植物性饲料占40%；日投喂量占体重的5%~6%；7月至8月中旬，植物性、动物性饲料各占50%，投喂量占体重的6%~10%；8月下旬至9月，动物性饲料占70%，日投饲量为总体重的5%~6%		稻田以底肥为主，占用肥总量的80%；插秧一周内施分蘖肥，占用肥总量的10%。河蟹能清除小型杂草，大型杂草人工清除。保持10厘米水深
7月	上旬	脱壳期		幼穗分化期	
	中旬				
	下旬	生长期		孕穗期	穗肥在7月初施，以有机肥和生物肥为主，施肥量占全年用肥总量的10%；追肥避开河蟹的脱壳高峰期
8月	上旬	脱壳期		灌浆期	发现水稻病害时正确防治，严禁使用有机磷农药
	中旬				河蟹脱壳高峰期避免用药、施肥
	下旬	生长育肥期	每天早晚巡查，观察水质、河蟹吃食及活动情况，检查防逃设施等	成熟期	
9月	上旬		9月10日左右河蟹大量上岸后，人工捕捉，分大小养殖育肥		
	中旬				
	下旬	销售育肥阶段	创建品牌，在中秋、国庆、元旦、春节等节日分批上市销售	收割	适时进行机械或人工收割，水稻及其加工，创建品牌进行销售
10月	上旬				

河蟹苗种放入稻田后稻蟹共生阶段

河蟹苗种放入稻田后稻蟹共生阶段

水稻分蘖结实成熟阶段

第四节 模式实景

目前，全区已累计推广稻渔共作综合种养8万多公顷，打造了10多个"稻渔空间"三产融合发展基地，模式实景见图3-2。

图3-2 "宽沟深槽"稻渔综合种养三产融合发展模式实景

第五节 技术推广案例

2021年，平罗县水产技术推广服务中心在通伏乡、姚伏镇开展稻渔共作生态综合种养技术示范推广，养殖生产情况如下。

一、技术推广效果

平罗县结合全县实际，筛选10家积极性高、实力强的新型农业经营主体开展稻渔共作综合种养示范，每个示范点连片面积在

13.3公顷以上，共计面积405.5公顷。稻田建设"宽沟深槽"养鱼环沟，进排水口安装防逃设施。

（一）水稻生产情况

稻田按"基肥为主、追肥为辅"的原则，测土配方一次性施肥。对土壤取样、测试化验，根据土壤的实际肥力和种植作物的需求，计算最佳的施肥比例及施肥量。

水稻品种以宁粳系列优质水稻品种为主，出穗整齐，长势明显优于传统种稻，种养期间水稻少量使用化肥以及除草剂等，未使用杀虫药。

稻渔共作生态综合种养水稻平均单产8 955千克/公顷，价格2.85元/千克，产值25 521.8元/公顷。

（二）水产动物养殖情况

稻田中放养的水生动物以鲤鱼、草鱼为主，鱼种平均规格300克/尾，每公顷放养量1 500尾，养殖期间每天投喂少量饲料。捕捞时借鉴池塘捕捞方法，根据养殖品种习性，采用拉网、排水干田、地笼诱捕等手段，提高水产品起捕率。

秋季（9月中旬）起捕，稻渔共作综合种养大宗淡水鱼平均单产810千克/公顷，销售价格为20元/千克，产值16 200元/公顷。

（三）效益分析

每公顷稻渔共作综合种养的水稻种植支出17 700元、淡水鱼养殖支出7 800元，产值41 721.8元，利润16 221.8元。以每公顷稻田为单位进行分析，具体情况见表3-2、表3-3和表3-4。

（四）综合种养与常规种植效益对比

常规单种水稻平均单产8 850千克/公顷，水稻价格每千克2.70元，产值23 895元/公顷。常规单种水稻成本15 750元/公顷，利润

8 145元/公顷。稻渔综合种养利润16 221.8元/公顷。稻渔综合种养比常规单种水稻净增利润8 076.8元/公顷。

表3-2　2021年稻渔共作综合种养成本核算（元/公顷）

水稻种植	流转费	水费	种子	化肥	农家肥	农药费	机械费	人工费	其他	合计
	7 950	750	1 350	2 100	450	900	3 000	900	300	17 700
淡水鱼养殖	苗种费	消毒费	饲料	水电	挖环沟费	其他	/	/	/	合计
	4 050	150	450	300	2 700	150	/	/	/	7 800

表3-3　2021年稻渔共作综合种养收入计算

分类	水稻种植	淡水鱼	合计
产量（千克/公顷）	8 955	810	/
单价（元/千克）	2.85	20	/
产值（元/公顷）	2 5521.8	16 200	41 721.8
成本（元/公顷）	17 700	7 800	25 500
利润（元/公顷）	7 821.8	8 400	16 221.8

表3-4　2021年常规单种水稻成本核算（元/公顷）

流转费	水费	种子	化肥	农药费	机械作业费	人工费	合计
7 950	750	1 350	2 100	1 050	2 250	300	15 750

二、推广的关键技术

（一）构建稻渔共作系统

通过对稻田实施工程化改造，构建稻渔共作共生互促系统，在稻田四边开挖"宽沟深槽"稻田养鱼环沟，环沟上口宽 5.0 米、沟深 1.5 米以上。养鱼环沟充分利用干沟和农沟的面积，水稻种植区域和水产养殖区域面积占比为 9∶1。

（二）推广配套技术

按照"稳粮增效、以渔促稻"高效种养思路，根据生态循环农业和生态经济学原理，将水稻种植与水产养殖、农机与农艺有机结合，采取"企业＋基地＋标准化"的生产经营方式，主要推广 9 项配套技术，分别为配套水稻栽培技术、配套水产品养殖技术、配套种养茬口衔接技术、配套施肥技术、配套病虫草害防控技术、配套水质调控技术、配套田间工程技术、配套捕捞技术、配套质量控制技术。

（三）工程化改造稻田

根据不同综合种养模式，对传统稻田进行工程化改造，改造过程中，保持农田水利基本建设原样，不破坏农田水利基础设施，不破坏稻田的耕作层，开沟不超过总面积的 10%，同时便于水稻种植、田间施肥灌溉、收割等操作管理。

（四）合理综合种养

水稻种植以当地主推品种为主，水产养殖品种以鲤鱼、草鱼、鲫鱼等品种为主，每公顷放养淡水鱼 1 500 尾，含鱼类粪便的塘泥返田培肥，降低耕地盐碱化程度，提高耕地综合生产能力。

三、技术推广讨论

（一）提高稻渔共作关键技术的应用

在产业推广过程中，重点采取"土地流转规模化发展、水稻水产优品种种养、稻渔综合立体生态标准化生产、稻渔多种多样模式规范化管理、生产品种品牌化经营"五大措施，遵循"春季扣蟹池塘集中暂养、夏季水稻河蟹生产管理、秋季商品蟹育肥上市"三大生产管理阶段，集成应用"田间改造、水稻种植、茬口衔接、水产品养殖、种养施肥、水质调控、病虫草害综合防控、产品质量控制、产品收获加工销售"9项关键技术，就能解决"成活率低、规格小、效益低"三大问题，取得明显成效。技术环节方面，选择水源充足、水质清洁无污染、灌排方便、保水性能好、不受旱涝影响的稻田；加高加宽田埂，埂高、宽不得少于50厘米，捶打结实，确保不会发生渗漏或塌陷；开挖进排水口，设置拦鱼设备及防逃设施；栽秧后7～15天，秧苗返青后开始投放鱼种，鱼种放养时用浓度3%～5%的食盐水浸泡3～5分钟进行鱼体消毒，鱼种以杂食性鱼类为主；做好投喂饲料以及防盗、防逃、管水等饲养管理工作。

（二）多种技术模式效益明显

经过多年的推广，宁夏依托自然资源特点，不断创新种养模式，形成了具有本地特点的"宽沟深槽"稻蟹、稻鱼、稻鸭、稻虾、稻鳖、稻鳅等6种稻渔综合种养模式，拓宽了产业发展内涵，丰富了综合种养内容，对农业增效、农民增收和产业持续发展起到了积极的推动作用，6种稻渔综合种养模式具体效益分析见表3-5。

表3-5　宁夏稻渔综合种养新技术6大模式效益表（每亩稻田）

种养模式	水产品种	水稻产量（千克）	水稻产值（元）	水产品产量（千克）	水产品产值（元）	总产值（元）	总利润（元）
稻蟹	扣蟹	460	2 760	40	2 000	4 760	2 732
	商品蟹	500	3 000	19	1 900	4 900	2 872
稻鳅	台湾泥鳅	458	2 748	60	1 080	3 828	2 083

种养模式	水产品种	水稻产量（千克）	水稻产值（元）	水产品产量（千克）	水产品产值（元）	总产值（元）	总利润（元）
稻鸭	四川麻鸭	545	3 270	15只	750	4 020	1 593
稻鳖	中华鳖	600	3 600	10	1 200	4 800	2 433
稻虾	小龙虾	432	2 592	10	1 000	3 592	1 747
稻鱼	鲤鱼	465	2 790	60	720	3 510	1 865
	异育银鲫"中科3号"	402	2 412	79	948	3 360	1 683
	青田鱼	536	3 216	78	1 552	4 768	2 503
单作		557	1 504				200

注：经多年测产，实施稻渔综合种养收获的水稻按有机稻产量、价格测算产值；单作水稻按普通稻谷产量、价格测算产值。

（三）稻渔共作前景广阔

稻渔共作综合种养是利用稻田水养鱼、鱼养水稻的一种立体生态农业生产方式，由于其周期短，具有节水、节地、节肥、节工和增产、增收、增粮、增鱼"四节四增"的效果。据多年对全区稻渔综合种养测产和产值的分析，实施稻渔综合种养，按照每公顷稻田计算，水稻产量8 250～9 750千克，做到了水稻不减产；生产商品蟹300～450千克，或鱼（鲤鱼、草鱼、鲫鱼、泥鳅）虾1 500～2 250千克，或鸭子300只。稻渔综合种养若按照绿色食品标准生产，每公顷新增收入30 000元；若按照有机产品生产，每公顷新增收入52 500～75 000元左右，实现稻、渔双增产增收。稻渔综合种养肥料投入可减少65.4%，农药使用可减少48.6%，可节省人力50%。同时，采用稻渔综合种养模式的稻田，温室气体排放也大大减少，甲烷排放减少7.3%～27.2%，二氧化碳排放减少5.9%～12.5%。稻渔综合种养集经济效益、生态效益和社会效益于一身，既抓了"米袋子"，又抓了"菜篮子"，同时鼓了农民的"钱夹子"，可带动农家乐等休闲渔业、乡村旅游业，促进一二三产业融合发展，前景十分广阔。

第四章

稻田镶嵌流水槽综合种养技术

▶ 第一节 技术原理

稻田镶嵌流水槽综合种养即"流水槽养鱼＋稻渔共作"，是指"流水槽养鱼"和"稻渔共作"两种不同的生产方式在稻田空间上按照科学的比例配套，稻田的养鱼环沟中集中或分散建设若干条标准化工程流水槽集中圈养鱼类进行"流水槽养鱼"，稻田中种稻又养殖一定量的鲤鱼、鲫鱼、草鱼、泥鳅、虾、鸭等，农业种植和水产养殖结合，开展复合型综合种养，自然生态系统中的物质和谐循环，能量进行多层次流动，以尽可能小的资源消耗和环境成本，获得尽可能大的经济效益和生态效益。

每个稻田种养单元四周设置防逃设施，进排水口用细眼网片制作防逃网，埂边开挖上口宽5米、底宽1米、深1.5米的"宽沟深槽"环沟，面积小于稻田面积的10%。稻田、环沟、流水槽的水体互相联通。

在"宽沟深槽"稻渔共作的稻田环沟中建设"集中式"或"分散式"养鱼流水槽，每2公顷稻田配套一条流水槽，单条流水槽长22米、宽5米、高2.2米，材料为砼制或钢构组装，前后端用金属网片、聚乙烯网片等材料隔离，分为推水区、养鱼区和集排污区三部分，单个或多个流水槽组成一个养殖系统。每个流水槽前端配备一个2.2千瓦增氧推水机，中间底部并排安装多根微孔增氧管，后端配备吸污设备。安装推水、增氧、自启式发电机和停电报警等物联网智能监控系统。

稻田镶嵌流水槽综合种养技术通过构建水产动物-水稻多营养层级物质循环系统，使流水槽尾水中的鱼类粪便、残饵以及氨氮、亚硝酸盐等物质进入稻田，为水稻生长提供营养物质，经过稻田净化后的水体循环进入流水槽再利用。在水稻不减产的前提下，减少化肥、农药的使用和用水、用工，分解利用种养水体中的氨氮、亚硝酸盐、总氮、总磷，提高综合种养效益，养殖尾水资源化重复利用、循环利用零排放、一水两用、一地两收，破解养鱼水体面源污染、尾水直接外排等问题，推动结构优化调整、产业转型升级和绿色高质量发展。

▶ 第二节　技术路线

此技术将"流水槽养鱼"和"稻渔共作"有机结合，流水槽养鱼尾水中的营养物质为水稻生长提供营养物质，稻田中的水稻、杂草、虫体为放养的水产动物提供隐蔽、生长的环境和物质，水体经过稻田净化后再进入流水养鱼槽循环利用，技术路线见图4-1。

▶ 第三节　模式示意

集中式稻田镶嵌流水槽综合种养主要是在稻渔共作的种养单元拐角处集中并列建设多条标准流水槽进行综合种养，模式示意见图4-2。

分散式稻田镶嵌流水槽综合种养主要是在每个稻渔共作的种养单元的对角建设2条标准流水槽进行综合种养，模式示意见图4-3。

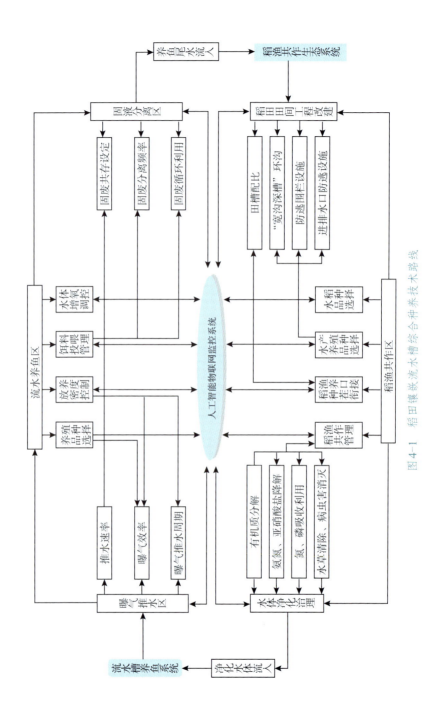

图 4-1 稻田镶嵌流水槽综合种养技术路线

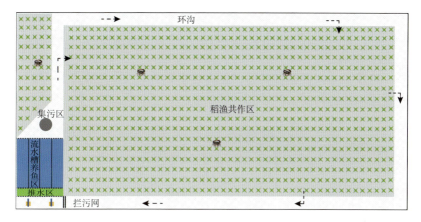

图4-2　稻田镶嵌流水槽综合种养模式示意（流水槽集中式）

注：①流水槽长×宽×高为22米×5米×2.2米；②1条流水槽配套10亩以上稻田；③环沟占比小于10%。

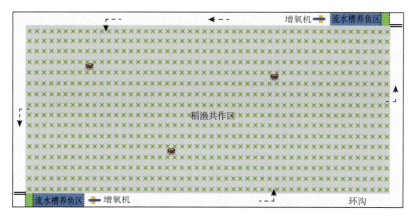

图4-3　稻田镶嵌流水槽综合种养模式示意（流水槽分散式）

注：①流水槽长×宽×高为22米×5米×2.2米；②1条流水槽配套10亩以上稻田；③环沟占比小于10%。

第四节　模式实景

　　目前，全区已在贺兰县、灵武市建成集中式和分散式的稻田镶嵌流水槽综合种养生产基地，模式实景见图4-4和图4-5。

图4-4　稻田镶嵌流水槽综合种养模式实景（集中式流水槽）

图4-5　稻田镶嵌流水槽综合种养模式实景（分散式流水槽）

第五节　技术推广案例

2018年，宁夏回族自治区水产技术推广站依托全国水产技术推广总站开展的稻渔综合种养和池塘工程化循环水养殖项目，在贺兰县和灵武市的2个国家级稻渔综合种养示范基地，将稻渔综合种养与养鱼流水槽有机结合，创建形成了"分散式"和"集中式"两种稻田镶嵌流水槽生态循环综合种养模式，并结合"2018年全区农业先进实用技术推广项目"进行了试验研究和示范推广。该模式使流水槽和稻田形成一个良性的闭合循环体系，解决了流水槽养殖尾水处理技术短板、稻渔综合种养效益提升与绿色发展新要求的瓶颈，实现了零排放、零施肥、减药、绿色、生态、增收的综合效益。

一、材料与方法

（一）稻田种养工程建设

1. 稻田选择。在贺兰县广银米业国家级稻渔综合种养基地，将3.5公顷稻田作为一个种养单元，构建集中式的稻田镶嵌流水槽生态循环综合种养技术模式；在灵武市金河渔业国家级稻渔综合种养基地，将2.7公顷稻田分为1.3公顷和1.4公顷两个种养单元，构建分散式的稻田镶嵌流水槽生态循环综合种养技术模式。

2. 田间工程建设。每个稻田种养单元四周用0.6米高的塑料薄膜制作防逃围栏，进排水口用细眼网片作防逃网。单元埂边开挖上口宽5米、底宽1米、沟深1.5米的"宽沟深槽"环沟，环沟占比小于10%。水稻种植区四周建设小型辅埂。

3. 流水槽系统建设。每条流水槽长22米、宽5米、高2.0米，材料为砼制或钢构组装材料，流水槽进排水端用金属网片、聚乙烯网片等隔离。每条流水槽前端配备一个2.2千瓦推水机，底部并排安装多根微孔增氧管，前后配备1.5千瓦水车式增氧机。安装物联网智能监控系统，连接推水机、增氧系统、自启式发电机和停电报警系统。流水槽表面覆盖尼龙网片，以防止鸟害。

4. 稻田镶嵌流水槽方式。①集中式。贺兰县广银米业国家级稻渔综合种养基地在种养单元东南侧拐角处将环沟拓宽加深，集中建设4条并列的流水槽，流水槽主体构造采用钢材焊接固定，墙面和底部采用可拆卸的环保型材料进行组装。流水槽末端修建集污坑，通过吸污泵将粪污抽入稻田主干渠。②分散式。灵武市金河渔业国家级稻渔综合种养基地在每个种养单元对角各建设1条流水槽，流水槽底部铺石子，墙面用钢筋混凝土浇筑（厚20厘米），每个流水槽上部用四根支撑梁固定。

（二）"集中式"模式生产管理

广银米业国家级稻渔综合种养基地采用有机水稻生产方式，每公顷稻田底肥为有机肥750千克和发酵腐熟牛粪7 500千克。水稻品种为天隆优619，采用插秧机于5月10日进行水稻插秧，9月27日用收割机收割水稻。

5月1日向稻田中投放河蟹、鲫鱼等。均投喂相应品种的配合饲料（鲫鱼饲料为膨化饲料），日投饲率3%～5%，河蟹每天傍晚投喂1次，鲫鱼每天投喂2次。河蟹9月下旬陆续捕捞销售，鲫鱼9月底捕捞上市销售。

6月15日向流水槽中分别投放草鱼、鲤鱼、鲫鱼等。全程投喂浮性膨化饲料，每天投喂3～4次，日投饲率2%～8%。8月初将流水槽中商品鱼捕大留小，分批上市销售，于9月底全部售罄。稻田和4条流水槽中河蟹和鱼种具体放养情况见表4-1。

（三）"分散式"模式生产管理

灵武市金河渔业国家级稻渔综合种养基地处于有机水稻转换期，采用绿色水稻生产方式，每公顷稻田施底肥包括有机肥2 250千克和发酵腐熟牛粪4 500千克。4月25日采用旱条播种方式进行

表4-1　稻田和4条流水槽中河蟹和鱼种放养情况

项目	稻田（3.5公顷）		流水槽			
			1号槽	2号槽	3号槽	4号槽
放养品种	河蟹	鲫鱼	草鱼	草鱼	鲫鱼	鲤鱼
初始均重（克/只或克/尾）	7.1	92	390	405	95	610
放养总量（千克）	111	928	4 000	4 000	4 000	3 000

水稻播种，每公顷播种量375千克，水稻品种为宁夏农林科学院农作物研究所选育的2009G-19号。

5月15日向稻田中投放扣蟹。投喂河蟹全价配合饲料，每天投喂2次，日投饲率3%～5%。

5月20日向流水槽中投放草鱼。全程投喂浮性膨化饲料，每天投喂2～4次，日投饲率2%～8%。每周补充蒸发水量。8月流水槽中商品鱼分批上市销售，9月5日捕捞河蟹暂养育肥。两个种养单元河蟹和草鱼放养情况见表4-2。

表4-2　两个种养单元河蟹和草鱼放养情况

项目	种养单元1（1.3公顷）			种养单元2（1.4公顷）		
	稻田1	1号槽	2号槽	稻田2	3号槽	4号槽
放养品种	河蟹	草鱼	草鱼	河蟹	草鱼	草鱼
初始均重（克/只或克/尾）	8.3	490	470	8.3	515	430
放养总量（千克）	79.7	4 000	3 250	83.7	4 250	3 000

（四）监测相关水质参数

种养期间，分别在"集中式"和"分散式"流水槽的进水口、出水口和稻田中设置3个水质监测点，每7天在水质监测点取水样一次，现场用仪器对水温、溶氧、pH、氨氮、亚硝酸盐、总磷、总氮7个水质参数进行检测。

在金河渔业国家级稻渔综合种养基地设置池塘工程化循环水养殖模式作为对照，池塘流水槽和稻田流水槽中放养品种、规格和密度一致，选择相同的饲料品牌和投喂方式，通过对水温和pH的检测，对比池塘原位修复和稻田原位修复两种修复方式对流水槽养殖水体的修复效果。

二、示范效果

（一）经济效益

1. "集中式"模式。 有机水稻每公顷平均产量7 200千克，每公顷产值4.32万元；稻田河蟹平均每公顷产量225千克，每公顷产值2.21万元；稻田鲫鱼每公顷平均产量600千克，每公顷产值7 800元；每条流水槽平均产量10 550千克，产值140 570元。流水槽和稻田每公顷平均总产值23.2万元，平均总利润6.52万元（表4-3）。

表4-3 "集中式"稻田流水槽养殖模式效益分析

项目	稻田综合种养（3.5公顷）			流水槽养鱼			
	水稻	河蟹	鲫鱼	1号槽	2号槽	3号槽	4号槽
终末重（克/只或克/尾）	/	105	200	1 150	1 215	280	1 825
产量（千克）	25 440	795	2 120	11 300	11 500	10 500	8 900
单价（元/千克）	6.0	98.0	13.0	13.6	13.6	13.0	13.0
产值（元）	152 640	77 910	27 560	153 680	156 400	136 500	115 700
成本（元）	99 905	27 931	16 165	119 943	121 415	114 055	90 679
利润（元）	52 735	49 979	11 395	33 737	34 985	22 445	25 021
综合利润（元/公顷）	65 175						

注：水稻单价按收获的稻谷价格计算，未按照加工后的有机大米计算。

2. "分散式"模式。水稻每公顷平均产量8 340千克,产值2.75万元;河蟹每公顷平均产量279千克,产值2.73万元;流水槽平均每条产量10 322千克,产值127 993元。流水槽和稻田每公顷平均总产值24.21万元,平均总利润5.69万元(表4-4)。

表4-4 "分散式"稻田流水槽养殖模式效益分析

项目	种养单元1(1.3公顷)				种养单元2(1.4公顷)			
	水稻	河蟹	1号槽	2号槽	水稻	河蟹	3号槽	4号槽
终末重(克/只或克/尾)	/	79.4	1 350	1 500	/	75.3	1 430	1 500
产量(千克)	11 040	381	10 692	9 653	11 760	380	12 033	8 910
单价(元/千克)	3.3	98	12.4	12.4	3.3	98	12.4	12.4
产值(元)	36 432	37 338	132 581	119 697	38 808	37 240	149 209	110 484
成本(元)	26 880	10 550	111 966	100 442	28 224	11 050	124 742	92 470
利润(元)	9 552	26 788	20 615	19 255	10 584	26 190	24 467	18 014
综合利润(元/公顷)	56 880							

注:水稻单价按收获的稻谷价格计算,未按照加工后的绿色大米计算。

(二)生态效益和社会效益

1. 降解养殖水体中的氮、磷等排出物。"集中式"和"分散式"两种模式,流水槽养殖尾水通过水稻净化后,可分别降低养殖水体中氨氮72%和70%、亚硝酸盐70%和69%(图4-6)、总磷35%和49%、总氮28%和40%(图4-7)。

2. 改善pH和稳定水温。在相同养殖条件下,稻田流水槽水体pH 7.50～7.90,较池塘流水槽水体pH 8.30～8.90平均低0.88,更适宜水生动物生长。高温期间,稻田流水槽水温较池塘流水槽低1℃左右，说明水稻的生长有改善水体pH和稳定水温的作用，可为稻田流水槽中鱼类和稻田中水生动物提供良好的生长环境（表4-5）。

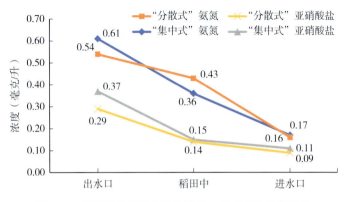

图4-6　两种模式不同采样点氨氮、亚硝酸盐变化情况

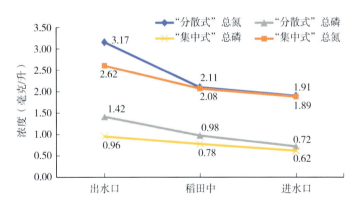

图4-7　两种模式不同采样点总氮、总磷变化情况

表4-5　池塘流水槽和稻田流水槽水温、pH检测情况

日期	7月26日	8月2日	8月9日	8月16日
水温（℃）				
池塘流水槽	26.57	27.23	27.40	24.57
稻田流水槽	25.70	26.37	26.90	23.17

日期	7月26日	8月2日	8月9日	8月16日
		pH		
池塘流水槽	8.73	8.90	8.40	8.30
稻田流水槽	7.63	7.50	7.80	7.90

三、技术推广讨论

（一）发展良性生态系统，实现了循环农业

稻田镶嵌流水槽种养模式，是在稻田中进行水稻和鱼、虾、蟹的综合种养，稻田中放养蟹（鱼）消除田间杂草，消灭稻田中的害虫，疏松土壤；稻田环沟中集中或分散建设标准流水养鱼槽，流水槽集约化养殖名优鱼类，养鱼流水槽中的肥水直接进入稻田促进水稻生长；水稻吸收氮、磷等营养元素净化水体，净化后的水体再次进入流水槽进行循环利用，形成了一个闭合的"稻-蟹-鱼"互利共生生态循环系统，实现了一水两用、生态循环。

（二）提升了经济效益，实现了高质量发展

分析表明：稻田镶嵌流水槽种养模式，每公顷平均产值达到23.7万元，是稻渔综合种养的3.8倍，是单种水稻的10.5倍；每公顷平均利润达到6.10万元，是稻渔综合种养的1.9倍，是单种水稻的14.4倍，经济效益提升非常显著。

（三）破解了面源污染，实现了绿色发展

分析表明：两种模式下，经流水槽养鱼后的水体，总氮含量在2.62～3.17毫克/升，经过稻田净化后，再次进入流水槽进行鱼类生产的水体总氮含量降至1.89～1.91毫克/升，达到《淡水池塘养殖尾水排放要求》（SC/T 9101—2007）中的一级标准。总磷由

0.96～1.42毫克/升降低至0.62～0.72毫克/升，接近一级标准，远低于二级标准。两种模式对降低氮、磷等营养元素的效果均非常显著，尤其对氨氮和亚硝酸盐的吸收达到70%左右。稻田镶嵌流水槽综合种养模式是净化养殖水体、破解养殖水体富营养化的有效手段。

（四）明确稻田和流水槽配比，提高规范化养殖水平

有学者运用生物能量学模型进行的研究表明，使用商业配合饲料，生产1 000千克草鱼所排放的总固态污染物（粪肥）为623千克。宁夏水稻种植一般每公顷需要高效有机肥7 500千克。"集中式"模式平均每个流水槽净产鱼6 800千克，可为稻田提供有机肥4 236千克，可满足0.56公顷稻田水稻生长需要；"分散式"模式平均每个流水槽净产草鱼6 697千克，可为稻田提供有机肥4 172千克，可满足0.56公顷稻田水稻生长需要。综上所述，每个流水槽配套0.5～0.6公顷稻田，能够基本符合水稻生产需要。

（五）打造产业转型新模式，极具推广价值

稻田镶嵌流水槽综合种养模式，鱼类粪肥替代化肥，减少了化肥的使用；水生动物灭虫除草，生物防治替代化学防治，减少了农药的使用；水稻净化流水槽养鱼的肥水，解决了养殖水体富营养化、尾水不达标外排污染环境等问题，减少了面源污染，改善了生态环境，发挥了生态安全、质量安全的优势，可生产出更多高质量的水稻和水产品，保障了农民的"钱夹子"，提高了农民种粮积极性，获得了更多的生态效益和社会效益，实现了政府要粮、农民要钱、消费者要质的三赢目标。实践证明，集中与分散两种模式都是可行的，可操作可复制可推广性强，是推动水产业健康可持续发展的生态循环种养新模式，值得大力推广。

第五章

陆基玻璃缸配套稻渔综合种养技术

第一节 技术原理

陆基玻璃缸配套稻渔综合种养即"玻璃缸养鱼＋稻渔共作"，是指"玻璃缸养鱼"和"稻渔共作"两种不同的生产方式在稻田空间上按照科学的比例配套，稻渔共作的稻田岸边建设若干个玻璃缸集中圈养鱼类，稻田中种稻又养殖一定量的鲤鱼、鲫鱼、草鱼、泥鳅、虾、鸭等进行稻渔共作，使得农业种植和水产养殖相互结合、复合种养，进行物质循环和能量流动，以尽可能小的资源消耗和环境成本，获得尽可能大的经济效益、生态效益和社会效益。

玻璃缸养鱼系统构建：每1.3公顷"宽沟深槽"稻渔共作的稻田岸边，配套建设一组高密度集中圈养鱼类的玻璃缸设施，每个玻璃缸直径5.1米、深2米，底为锥体，配备进排水、增氧等生产管理设备，配备投喂设备、自启式发电机和停电报警系统等，排水与稻渔共作的稻田连通。

稻渔共作系统构建：每个稻田种养单元四周埂边开挖上口宽5米以上、底宽1米、深1.5米的"宽沟深槽"环沟，环沟面积控制在稻田面积的10%之内，制作防逃围栏，进排水口用细眼网片制作防逃网，稻田种稻同时养殖鱼、虾、蟹、鸭等。

玻璃缸高密度、集约化养殖名优水产品，养鱼尾水中的鱼类粪便、残饵以及氨氮、亚硝酸盐等物质进入稻田，为水稻生长提供养分；稻田放养一定数量的水产动物，稻田中的动物、植物、微生物分解利用水体中的氨氮、亚硝酸盐、氮、磷等，净化后的水体循环进入养鱼玻璃缸再利用，减少化肥、农药、用水、用工，提高综合种养效益，养殖尾水资源化重复利用、循环利用零排放、一水两用、一地两收。

第二节　技术路线

陆基玻璃缸配套稻渔综合种养技术是玻璃缸中养殖水产品，养鱼尾水进入稻渔共作的稻田（分解利用水体中的氨氮、亚硝酸盐、氮、磷等），净化后的水体循环进入养鱼玻璃缸再利用，技术路线见图5-1。

图5-1　陆基玻璃缸配套稻渔综合种养技术路线

第三节　模式示意

在稻渔共作的稻田岸边集中建设若干个玻璃缸圈养鱼类，农业种植和水产养殖相互结合、复合种养，实现物质循环和能量流动，模式示意见图5-2。

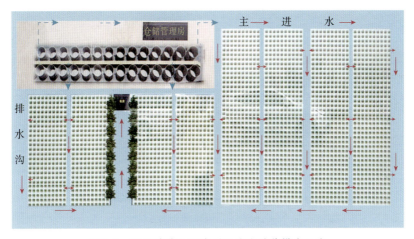

图 5-2　陆基玻璃缸配套稻渔综合种养模式示意

▶ 第四节　模式实景

　　目前，全区已在沙坡头区、贺兰县、灵武市建成陆基玻璃缸配套稻渔综合种养生产基地，模式实景见图5-3和图5-4。

图 5-3　陆基玻璃缸配套稻渔综合种养模式实景（平面式）

图5-4 陆基玻璃缸配套稻渔综合种养模式实景（下沉式）

▶ 第五节 技术推广案例

2018年，宁夏回族自治区水产技术推广站通过考察论证认为，宁夏有黄河水灌溉的稻田8万公顷，具有稻渔共作的天然优势，稻渔综合种养面积已达到0.4万公顷，出现了形式多样的稻渔结合生产模式，其中稻田玻璃缸养殖模式具有较高的推广价值和优越性。2019年，宁夏回族自治区水产技术推广站引进40口玻璃缸，在中卫市、灵武市、贺兰县分三个点进行养殖试验研究，通过养殖斑点叉尾鮰、罗非鱼、草鱼、鲤鱼等品种，取得较好的效果。

一、材料与方法

（一）玻璃缸配套稻渔共作流程

通过水稻发达的根系及土壤对养殖尾水中氨氮、亚硝酸盐、硫化氢的吸附、分解、净化，使黄河水和养殖尾水（水源）水质达标；水源经水泵、进水管道注入玻璃缸，在缸体底部沿边布置纳米增氧管为养殖水体增氧，保持溶解氧在5毫克/升以上，玻璃缸锥体中间设置底排污、上排污、溢流设施，便于尽快排出养殖水体中的鱼类粪便、剩饵、污物，使养殖水体一直处于交换中；根据生产计划放入鱼种，进行正常养殖管理；底排污、上排污及溢流管排出的养殖尾水，经管道进入稻田进水渠，将尾水与黄河水充分混合灌入稻田中，通过水稻对尾水中养分的吸附、分解、净化，完成生态养殖循环。

（二）玻璃缸位置选择及数量的确定

试验场选择在交通方便的位置，便于饲料拉运及鱼种、商品鱼大货车进出。养殖设施选择稻田进水、排水比较集中的点位放置，方便玻璃缸尾水通过进水渠进入每块稻田中，尾水肥力被均匀散布。

通过对玻璃缸养殖尾水中氨氮、亚硝酸盐、硫化氢、总磷、总氮的检测，与水稻种植专家对养殖尾水中氮磷钾含量及水稻生长需求量的测算、估算（考虑到尾水可以在第二年产生一定肥力），确定每10亩稻田设置一口玻璃缸。

（三）玻璃缸养殖系统

玻璃缸养殖系统由进水系统、增氧系统、养殖缸体、排污系统、净化系统等组成。

1. 进水系统。根据养殖规模配备大流量潜水泵，水量最好设计为4～6小时整体循环一次，并根据进水量配备适宜进水管径的PVC管。在设计管道布局时，安装备用水泵，交替使用或在主水泵发生故障后启动备用水泵。

2. 增氧系统。采用三叶罗茨鼓风机供气，根据试验效果，每千瓦罗茨鼓风机带动3～5口养殖缸体。增氧采用外径16毫米、内径10毫米的纳米增氧管，绕养殖缸体边一圈固定。在罗茨鼓风机出气口，设置液氧连接口，在阴雨天气，启动液氧增氧。

3. 养殖玻璃缸体。玻璃缸由四川省某公司研发，直径5.1米，缸体深2米，每口体积41米³，底部为锥体，利于排污，有效养殖水体体积为32米³。

4. 排污系统。玻璃缸底部为直径50厘米的带孔（孔直径2厘米）玻璃钢盖板，底排污管在盖板下面，污物通过锥体面沉积并集中在中间，通过盖板排污孔进入集污槽。每天定时开启排污阀，达到排污目的。

5. 养殖尾水净化系统。养殖尾水通过管道进入稻田进水渠，使尾水与黄河水混合，进入每块稻田中，使每块稻田获得的养分均衡，尾水净化效果均衡。再通过稻田排水口进入排水沟，消毒、杀菌后用水泵抽入玻璃缸，完成循环水生态养殖过程。

6. 电力保障系统。玻璃缸养殖需要可靠的电力，保障水交换和增氧动力用电，在高温养殖季节，电力不能间断，必须配备发电机备用电源。

二、运行过程及结果

（一）设施建设情况

2019年中卫市常乐镇倪滩村通过考察、可行性论证，以村集体流转稻田13.3公顷，筹建玻璃缸30口，边建设边投入生产。2019年4月开工，5月20日建成，试运行调试正常后投放鱼种进行养殖试验。

（二）鱼种放养情况

共有27口缸开展养殖，留3口备用。放鱼种情况如下：斑点叉尾鲴8口缸，投放鱼种5 500千克（16 000尾，平均规格350克/尾），每缸放种2 000尾；草鱼14口缸，投放鱼种13 900千克（28 000尾，平均规格500克/尾），每缸放种2 000尾；鲤鱼1口缸，投放鱼种900千克（2 000尾，平均规格450克/尾）；罗非鱼2口缸，投放鱼种815千克（4 100尾，平均规格200克/尾），每缸放种2 050尾；鲶鱼2口缸，投放鱼种1 653千克（4 100尾，平均规格400克/尾），每缸放种2 050尾。

（三）收获情况

斑点叉尾鲴8口缸，总产量14 640千克，平均每口缸产量1 830千克，平均规格0.9千克/尾；草鱼14口缸，总产量23 100千克，平均每口缸产量1 650千克；罗非鱼、鲶鱼、鲤鱼由于管理出现失误，成活率较低，产量没有统计。

（四）水质检测情况

6月4日开始对玻璃缸水体进行水质检测，检测指标为温度、溶氧、pH、氨氮、亚硝酸盐，检测时间为每天上午10时，详见表5-1。

表5-1　养鱼水质检测统计

时间	温度（℃）	溶氧（毫克/升）	氨氮（毫克/升）	亚硝酸盐（毫克/升）	pH
6月	17.8	4.4	1.9	0.057	8.0
7月	23.6	3.69	1.34	0.04	8.0
8月	21.4	3.99	0.83	0.05	8.0
9月	19.4	3.6	1.6	0.05	8.0

（五）养殖尾水对水稻生长的影响

氨氮、亚硝酸盐、硫化氢通过一系列复杂的生化反应，被土壤吸收转化为水稻的养分，通过对比，相同长势和收成下，年施肥量减少近30%。

三、技术推广讨论

设施高密度养殖需要解决的主要问题是排污，排污效果的好坏直接决定养殖的效果及成败。以稻田＋陆基玻璃缸进行一个种养周期的实验研究，这种养殖模式具有水质可控、产量提升空间大、集中、方便管理、尾水有效合理利用不外排等可借鉴的技术、经验；但在养殖过程中也出现了与稻田用水矛盾、设备的设计引起水质指标超标等问题，在此进行总结探讨。

（一）稻田＋玻璃缸稻渔共作的合理性

养殖尾水通过水稻、土壤对其中的氨氮、亚硝酸盐、硫化物的吸收、吸附、分解，稻田排水口的氨氮、亚硝酸盐、硫化氢经过多次检测，几乎归零。设计产量：每口缸32米^{3}水体，产鱼量3 000千克，每立方米水体产量约100千克。但由于设施建设迟缓，6月已经没有合适的鱼种，放养量不够，产量及效益暂时未能显现。

（二）排污、溢流系统设计缺陷及整改

通过养殖实践，我们发现玻璃缸排污系统存在设计缺陷。原设计是在设施锅底底部设计直径50厘米的排污盖板，上面打若干小孔，盖板下面设置排污管，直接连通排污主管，通过定时开启排污阀门排污。养殖一段时间后出现氨氮、亚硝酸盐、硫化物严重超标。究其原因是养殖的鱼类摄食后在底部活动，鱼体长大后占据了几乎底部的三分之一的空间，影响了残饵、沉性物的沉积及排出。而玻璃缸养殖投喂的饲料全为浮性饵料，且鱼类排泄物起初是飘浮的固形物，定时底排污很难达到效果。溢流管是在缸体边上沿向下20厘米处，实际是在排出养殖缸体上部的好水。

由此，我们提出上排污概念，在玻璃缸锅底中间设置溢流管，在溢流管上沿水位线开3道1厘米宽、20厘米深的槽，实现上排污

和溢流。溢流管底部通至缸体外，接一竖管，与水位线等高，然后与总排污管连通，曝气和微流水形成一个向心力，引导浮性粪便向中间集中，实现24小时排污。底部设置直径50厘米、深50厘米的锅底形积污槽，用不锈钢丝网覆盖，使沉性污物定时由底排污口排出。通过对排污系统整改，养殖水体水质得到明显改善。

（三）进水口、进水量设计

进水口由原来的上冲水改成在进水管口连接一根竖管，封住管底，在竖管上沿缸壁一个方向上下间隔5厘米开1厘米孔，使进水形成旋转微流水，形成向心力，便于排污及循环。鉴于鱼类粪便在12小时左右分解，产生有害物质氨氮、亚硝酸盐、硫化氢，最好大部分粪便、残饵在12小时内排出养殖缸体，所以，进水量按每4～6小时循环一次设计，每次投饵后加大换水量，即可达到尽快排污的目的。

（四）稻田对养殖尾水的处理效果

水稻对养殖尾水有极好的处理效果，尤其对影响养殖的三大指标氨氮、亚硝酸盐、硫化物的吸附、分解能力很强，通过多次检测稻田排水口水质变化情况，三大指标几乎为零。

（五）适合养殖的品种

通过对本试验示范点的养殖情况汇总，笔者认为这套模式适合养殖高附加值的鱼类，如鲈鱼、斑点叉尾鲴等。养殖草鱼、鲤鱼因运行成本较高，故经济效益较低。此外，因进水量不能过大且有微流水，排污难把握，故使用该设备培育苗种效果较差。

（六）合理配置进出水管径、动力及材料

通过本试验示范点的设施建设与运行，笔者发现均存在进出水管路和管径不合理、材料不一致、"大马拉小车"等问题。通过实验，笔者认为进排水管道以优质PVC材料为好；管径根据养殖缸

数量来定，最好10口缸为一个单元，进水主管用管径120毫米PVC管，到养殖缸变径为可控50毫米PVC管；排水主管用300毫米PVC管。动力配置为每10口缸配置5千瓦主泵一台，备用一台；微孔增氧动力配置为每10口缸配置3千瓦罗茨鼓风机一台，备用一台。

（七）养殖尾水必须均匀进入稻田

鱼类对饵料的利用率在70%左右，有近30%以粪便、残饵的形式溶解在尾水中发酵、分解，以氨氮、亚硝酸盐的形式存在，水稻通过发达的根系对氨氮、亚硝酸盐、氮、磷进行吸收。种养实验显示，单独将养殖尾水引入稻田，肥力易在进水口堆积，该处水稻疯长，而排水口肥力不足出现秧苗发黄，高矮不齐。所以一定要将养殖尾水与黄河水混合稀释均匀后再灌溉进稻田，达到均匀施肥，实现秧苗整齐生长。

（八）玻璃缸的规格

现在使用的养殖玻璃缸直径5.1米，深度2米，保水量32米^3；通过养殖试验，建议使用直径8米、保水深度在2.5米的缸体，保水量达到110米^3，水质将会更加稳定，减缓养殖鱼类应激反应，性价比也会更高。

（九）推广前景

养殖尾水处理成本高，面对的环保压力大，禁养区、限养区的划定也给水产养殖带来困扰，养殖模式的转变和创新才是水产养殖业高质量发展的出路。稻田和玻璃缸的结合，既解决了养殖尾水处理、达标排放难题，又向稻田补充了有机肥，降低稻田人工肥料用量及种植成本，水稻产出的大米品质更好，玻璃缸中进行名优水产品养殖，设施稳定可靠，这是一种性价比较高的养殖模式，具有较好的推广前景。

第六章

陆基高位砼制养鱼池结合稻渔综合种养技术

▶ 第一节 技术原理

陆基高位砼制养鱼池结合稻渔综合种养即"高位池养鱼＋稻渔共作"，高位养殖池、稻田以及生态蓄水池、排水净化沟渠组成一个种养系统，高位砼制养鱼池高密度、集约化养殖名优鱼类，稻田进行水稻和鱼、蟹、虾共作种养，水产养殖动物、水稻、微生物三者之间生态和谐、互利共用，净化养殖尾水，实现水产养殖尾水低碳、高效、零污染和资源化利用。

发展"高位池养鱼＋稻渔共作"模式，稻渔共作单元四周开挖占比小于10%的"宽沟深槽"环沟，设置防逃设施和进排水口防逃网。每4公顷稻田岸边建设一个高密度集中圈养鱼类的高位砼制养鱼池，单池直径30米、深2米、体积1 500米^3，配备增氧系统、投喂设备、进排水系统，安装物联网智能监控系统以及自启式发电机和停电报警系统。

该模式将多个高位砼制养鱼池和配套的稻渔共作稻田组成一个处理系统，集成高效固体排泄物自净技术、资源化水处理技术、鱼类高密度集约化养殖技术和智能化控制技术等多项技术，养鱼尾水进入稻田，水体中的有机物、氮、磷、氨氮、亚硝酸盐等被稻田中的生物利用，净化后的水体再通过生态排水沟渠进入高位砼制养鱼池循环使用。

该养殖模式具有占地少、不受地形地势影响、不破坏土地性质、集约化智能化程度高、养殖系统自净能力较强等优点，有助于实现养殖资源节约、养殖对象与环境友好、养殖产品质量与食用者健康安全"共赢",以及鱼鲜产品均衡上市和提高养殖综合效益,是水产养殖业实现转型升级的重要模式之一。

▶ 第二节　技术路线

此技术将多个高位砼制养鱼池和配套的稻渔共作稻田组成一个处理系统,养鱼池养鱼尾水中的有机物、氮、磷、氨氮、亚硝酸盐等被稻田中的稻、鱼利用,净化后的水体再循环养鱼,技术路线见图6-1。

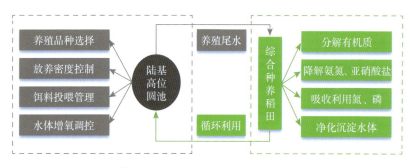

图6-1　陆基高位砼制养鱼池结合稻渔综合种养技术路线

▶ 第三节　模式示意

陆基高位砼制养鱼池建在稻渔共作的稻田岸边,鱼类、水稻、微生物三者之间互利共作,实现水产养殖尾水低碳、高效和资源化利用,模式示意见图6-2。

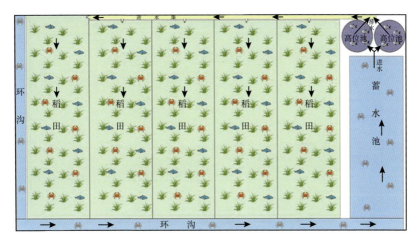

图6-2　陆基高位砼制养鱼池结合稻渔综合种养模式示意

第四节　模式实景

目前，已在石嘴山市大武区的低洼盐碱地建成陆基高位砼制养鱼池结合稻渔综合种养生产基地，模式实景见图6-3和图6-4。

图6-3　陆基高位砼制养鱼池结合稻渔综合种养模式实景（1）

图6-4　陆基高位砼制养鱼池结合稻渔综合种养模式实景（2）

第五节　技术推广案例

　　宁夏是北方稻作区最佳粳稻生产区之一，重、中度盐渍化稻田主要分布在银北地区，占银北地区耕地面积的60.45%。2018年，宁夏泰嘉渔业公司在石嘴山市大武口区星海镇富民村流转盐碱稻田13.3公顷，建设陆基高位养鱼池4个，将陆基高位砼制养鱼池配套稻渔综合种养技术模式作为改善土壤结构、增加土地肥力、降低土地盐碱化程度，促进渔业结构调整与绿色循环发展、渔农增收的重要抓手，不断探索完善种养模式，提升种养水平，在治理土壤盐渍化、提升土壤质量、稳定水稻产量、保障粮食安全、促进三产融合和乡村振兴中发挥了积极作用。

一、技术模式构建

（一）养鱼设施

　　在稻田进水、排水比较集中的岸边建设陆基高位砼制养鱼池，砼制养鱼池需高出稻田地面 1.5 米、直径 30 米、深 2.5 米，一个砼制养鱼池鱼产量约 1.5 万千克，配套稻渔共作的稻田 2～4 公顷。

陆基高位砼制养鱼池配套进水、增氧、排污、机电等设施设备，养殖池中集约化养鱼，养殖水体通过管道与稻田进水渠连通，进入稻田中，净化后再通过稻田排水口进入排水沟，消毒、杀菌后用水泵抽入养殖池，完成循环水生态养殖过程。

（二）稻渔共作

1. 田间工程防逃改造技术。将小块稻田平整为 2 公顷左右大块田并进行围挡。稻田的"宽沟深槽"环沟上宽 5 米、深 1.5 米、下宽 1 米，面积占田间工程 10% 以内。

2. 水稻种植技术。推广有机水稻旱育稀植种植技术，穴数不少于常规种植，且为水生动物提供活动空间，通风透气。

3. 种养茬口衔接关键技术。水稻定植 1 周且稻苗达到 20 厘米时，适时投放水产苗种，或者前期将水产品放养在稻田水沟中，做到种植和养殖的时间茬口衔接合理。

4. 稻田水产品养殖关键技术。采用"四定"法投喂饲料，晒田时降低水位露田，使用微生物制剂及底质改良剂调控水质，采取以防为主、防治结合的方式综合防控病虫草害。

5. 种养施肥技术。采取测土配方施有机肥和微生物肥料，基肥为主，追肥为辅。

6. 产品质量控制技术。按照绿色、有机产品生产标准进行生产和管理。

（三）产品收获

1. 设施养殖产品。砼制池中水产品根据生长情况适时上市销售。

2. 稻渔共作产品。稻田中养殖的水产品种在 9 月中旬以后根据其生物习性，采取抓捕、网捕等方式进行捕捉、育肥、暂养和线上线下销售。水稻9月底收割。

二、示范推广成效

2020年，宁夏泰嘉渔业公司重点开展"陆基高位砼制养鱼池养殖鲈鱼＋稻渔共作"以渔改碱、循环水养殖技术试验示范。重度盐碱地共计13.3公顷，平均分为2个种养单元，每个种养单元建设2个高位池。

陆基高位砼制池全部养殖鲈鱼，每个池5月上旬投放鲈鱼鱼种20 000尾，平均规格150克/尾，全部投喂商品饲料，增氧机增氧保持水体溶氧达到5毫克/升，每天定时排污2次，10月上旬陆续出售商品鱼，成活率91%，平均规格0.6千克，共计生产鲈鱼1.1万千克，销售收入近20万元。

稻渔共作的稻田中，水稻4月下旬采取旱直播方式，播后上水催芽，生长期保持水深10厘米左右，9月下旬收获，由过去的抓不住苗没产量，2020年实现每公顷产量3 150千克。5月中旬放养扣蟹500千克，平均规格为210只/千克，每天投喂一次饲料，由于稻田盐碱太重，河蟹成活率太低，商品规格只有60克左右，产量不足300千克。

三、技术推广讨论

经过4年的示范推广和跟踪调研，高位砼制养鱼池的粪便残饵通过微滤机收集固化还田，养殖尾水排入稻田，做到水体循环利用。土壤成分得到了改善，土壤盐度由2020年的18降低到2023年的8，改良了稻田过度盐碱化。土壤肥力增加，实现水稻稳产、高产。

陆基高位砼制养鱼池配套稻渔综合种养生态循环种养模式，进一步提高了洗盐排碱水资源利用率、土地利用率和土地产出率，提升种养效益，增加农民收入，取得1+1>2的效果，破解了养鱼水体面源污染、水稻种植灌田盐碱水直接外排等生态环境污染问题，为黄河流域生态保护和高质量发展先行开展了积极有效的探索。

第七章

菜棚鱼菜共作技术

▶ 第一节 技术原理

　　基于鱼类和蔬菜互利共作、物质循环和能量平衡理论，在蔬菜大棚的一边建设养鱼设施。蔬菜大棚划分为蔬菜种植和设施养鱼两个生产区域，蔬菜种植区和设施养鱼区的面积之比为90∶10。蔬菜种植区进行蔬菜的种植、生产和管理，设施养鱼区建设养鱼系统进行水产养殖及水体净化循环，设施养鱼和蔬菜种植在同一空间中互生共作，实现土地资源和水资源的综合利用，促进水产养殖和蔬菜种植生态绿色高质量发展。

　　在菜棚鱼菜共作整个生产过程中，设施养鱼产生的养殖尾水不间断地从底部和侧部的出水口排出，进入竖流沉淀器和微滤机，分为10%的高浓度液肥和90%的低浓度水体两部分。高浓度液肥进入粪污发酵罐，定期通过管道和地灌设施浇灌蔬菜，为蔬菜供应养分，实现水肥一体化操作，生产绿色、有机蔬菜；低浓度水体进入滤清水泵池，再进入水培蔬菜种植系统被吸收氮、磷等营养元素，再进入生化反应罐被微生物降解氨氮、亚硝酸盐、硫化氢等，再经紫外线杀菌消毒后进入养鱼缸循环利用。

　　菜棚鱼菜共作模式构建了"水中养鱼-鱼粪供菜-菜净化水-水再养鱼"的生态循环种养系统，渔业中的设施养鱼与种植业中的温棚蔬菜种植紧密结合，养鱼和种菜在菜棚中"混搭"，传统水产养殖和传统蔬菜种植实现完美"牵手"，土地资源、水资源利用率方面取得了"加法"效益，化肥、农药、用工、用水方面取得了"减法"效益，综合产值、利润、增收致富方面取得了"乘法"效益，面源污染、尾水排放、有害物质减少方面取得了"除法"效益，打破了传统水产养殖的地域限制、空间限制和生产方式限制，开拓了渔业发展的外延，为设施蔬菜大棚的综合利用、高质量发展贡献了渔业智慧和力量。

▶ 第二节　技术路线

菜棚养鱼设施中产生的养殖尾水过滤后分为高浓度液肥和低浓度尾水，液肥发酵后浇灌菜棚中的蔬菜，尾水经水培菜吸收氮磷、微生物分解氨氮、紫外线杀菌后进入养鱼缸循环利用，路线见图7-1。

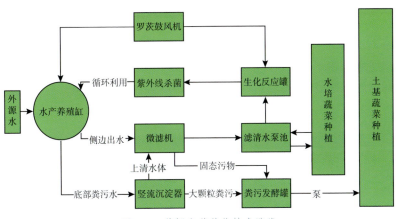

图7-1　菜棚鱼菜共作技术路线

▶ 第三节　模式示意

菜棚鱼菜共作将蔬菜大棚划分为90∶10的蔬菜种植区和设施养鱼区，设施养鱼和蔬菜种植在同一空间中互生共作，实现土地资源和水资源的综合利用，模式示意见图7-2。

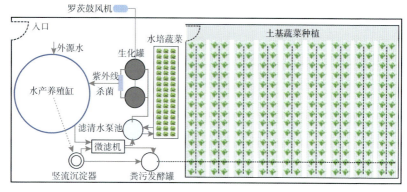

罗茨鼓风机

入口

外源水

水培蔬菜

土基蔬菜种植

生化罐

紫外线

水产养殖缸

杀菌

滤清水泵池

微滤机

竖流沉淀器

粪污发酵罐

图7-2 菜棚鱼菜共作模式示意

第四节 模式实景

　　菜棚鱼菜共作模式已由南部山区的固原市原州区推广到了引黄灌区的永宁县、贺兰县、兴庆区、大武口区、青铜峡市、沙坡头区等全区主要的菜棚生产区，实景见图7-3和图7-4。

图7-3 菜棚鱼菜共作模式实景（棚内设备建设）

图 7-4　菜棚鱼菜共作模式实景（棚内种养生产）

　　宁夏回族自治区固原市位于黄土高原的西北边缘，六盘山东北麓，平均海拔 1 750 米，气候冬暖夏凉，全市有 1.25 万栋、0.2 万公顷日光温室进行蔬菜种植，被誉为"中国冷凉蔬菜之乡"。菜棚长期施用化肥使得原本盐碱较重、有机质贫瘠土地的盐渍化程度加剧，需要创新生产方式，减少化肥使用量、控制土壤盐碱化，增加土壤有机质、提高地力，开展综合种养提升效益。从 2019 年开始，宁夏回族自治区水产技术推广站联合中国水产科学研究院渔业机械仪器研究所，在固原市丰和渔业科技有限公司基地开展菜棚鱼菜共作模式构建、尾水利用及效益前景方面的试验研究，情况如下。

一、材料方法

（一）集成菜棚鱼菜共作生产模式

　　基于鱼类和蔬菜互利共作、物质循环和能量平衡理论，在不改变温棚框架结构、不改变农业生产土地属性、不改变管理方式和不破坏土壤耕作层的前提下，在蔬菜大棚中开展菜棚鱼菜共作，形成面积比为10∶90的设施养鱼和蔬菜种植两个生产区域，设施养鱼区建设养鱼系统养殖名优水产品，蔬菜种植区进行土基蔬菜和水培蔬菜的合理种植、生产管理。养鱼尾水过滤后形成高浓度液肥和低浓度水体两部分，高浓度液肥发酵后作为蔬菜的有机肥，低浓度水体中营养元素被吸收利用及有害物质被分解后循环再养鱼，促进水产养殖和蔬菜种植绿色高质量发展。

（二）构建菜棚鱼菜共作生产系统

菜棚鱼菜共作模式中的设施养鱼区占总面积的10%，最大不能超过15%。养鱼系统由水产养殖缸、竖流沉淀器、微滤机、粪污发酵罐、滤清水泵池、生化反应罐、紫外线杀菌器以及进排水、罗茨鼓风机、监控器、地灌管等设施设备组成。其中：水产养殖缸由铝材板和PVC防雨布内衬组成，直径6～9米，体积30～70米^3。沉淀器直径0.5米，体积1米^3。发酵罐直径1.3米，体积2米^3。滤清水泵池直径1.5米，体积2.5米^3。生化反应罐直径2.2米，体积10米^3，内填微生物浮料5米^3。微滤机功率50米^3/小时，紫外线杀菌器功率480瓦。养殖品种以斑点叉尾鮰、鲈鱼、鲟鱼、黄颡鱼、泥鳅等高价值的名优鱼类为主。

蔬菜种植区占总面积的90%，种植品种主要有果菜、叶菜以及根菜3大类。种植方式有两种。一是土基种植，培土起垄、地灌浇水，垄宽120～150厘米，垄高15～20厘米。果菜每垄种植2行，行距40～60厘米，株距50厘米，生长周期110～150天。叶菜、根菜进行平面点播或播撒，生长周期45～80天。二是水培蔬菜钢架设施种植，钢架4个，单个长8米以上，高1.5米，双面8层种菜，菜穴间距20厘米，水体流经蔬菜根部总长300米，主要移植根系发达的生菜、香芹等叶菜。

（三）形成尾水治理循环利用流程

在鱼菜共作整个生产过程中，设施养鱼产生的养殖尾水不间断地从底部和侧部的出水口排出，经过竖流沉淀器和微滤机后分为10%的高浓度液肥和90%的低浓度水体。高浓度液肥进入粪污发酵罐，定期通过管道和地灌设施浇灌蔬菜，为蔬菜供应养分，实现水肥一体化操作，生产绿色、有机蔬菜；低浓度水体进入滤清水泵池，再进入水培蔬菜种植系统被吸收氮、磷等营养元素，再进入生化反应罐被微生物降解氨氮、亚硝酸盐、硫化氢等，再经紫外线杀菌消毒后进入养鱼缸循环利用。

（四）选择基地进行试验示范

2021年，试验示范在固原市原州区国家现代农业园区的蔬菜大棚基地进行，此基地位于原州区"高效节水灌溉示范县""中国冷凉蔬菜之乡"的核心区，是水产绿色健康养殖技术推广"五大行动"骨干基地，面积13.3公顷，共有蔬菜大棚33栋，其中有8栋菜棚开展鱼菜共作生产。在试验过程中，选择12号棚进行试验研究和数据收集，菜棚为外包砖土墙结构的日光温室暖棚，长80米、宽10米、面积800米^2，其中养鱼区100米^2、种菜区700米^2（土基菜区600米^2、水培菜区100米^2）。圆形养鱼缸直径7米、高1.15米、养鱼水体38米^3。试验棚运行正常后，系统总需水量55米^3，每天收集高浓度液肥2米^3，养鱼缸水体每小时循环一次，每天不间断循环流动，每天定期补水2米^3。

第一季生产，养鱼缸5月27日投放大口黑鲈2000尾，规格210克/尾；9月29日销售，养殖周期122天，产量1176千克，平均规格610克/尾，成活率96.4%。土基蔬菜区5月15日定植西红柿1280株，7月10日陆续出售，9月15日售完，产量6420千克。

第二季生产，养鱼缸10月20日养殖大口黑鲈苗种3万尾，全长2.5厘米；12月2日销售，养殖周期63天，产量614千克，平均规格25克/尾，成活率81.9%。土基蔬菜区10月16日定植芹菜63 120棵，12月28日收获，产量15 780千克。

水培蔬菜区5月27日移植生菜328棵，7月10日陆续出售，边销售边补苗，全年产量755千克。具体情况见表7-1。

表7-1　菜棚鱼菜共作生产系统种养情况表

品种	蔬菜			水产品		
类别	生长期 （天）	产量 （千克）	产值 （元）	养殖期 （天）	产量 （千克）	产值 （元）
第一季	121	6 420	33 384	122	1 176	57 624
第二季	73	15 780	28 404	63	614	61 425

注：水培区生菜生长快，收获后及时移植，全生长期产量755千克。

试验示范期间，以22号棚作为对照组开展产量、效益对比研究，大棚面积800米²。第一季生产，5月13日定植西红柿1 737株，7月20日陆续出售，8月25日售完，产量7 109千克。第二季生产，10月13日定植芹菜96 050棵，12月28日收获，产量24 012千克。

研究过程中，将养殖缸、净化后进水口作为水质采样点，每天进行常规水质监测，每月定期定点对水温、pH、高锰酸盐指数、总氮、总磷、氨氮六项指标进行实验室检测。同时，对粪污发酵罐中高浓度液肥的pH、总氮、总磷进行检测。全程对试验棚的蔬菜长势、鱼类粪肥使用量、土质变化、病害情况等进行观察，监测变化情况。

二、结果分析

（一）经济效益非常显著

试验表明，鱼菜共作试验棚全年大口黑鲈产值11.9万元，蔬菜产值6.7万元，鱼菜总产值18.6万元，生产成本13.4万元，综合利润5.2万元（表7-2）。与对照组比较分析，产值比对照组的7.4万元提高了11.2万元，利润比对照组的2.2万元提高了3万元。试验棚增值部分主要来源于蔬菜的溢价和设施养鱼的产值。

表7-2 2021年基地对比实验经济效益统计

项目	蔬菜			水产品			成本（元）	利润（元）
	品种	产量（千克）	产值（元）	品种	产量（千克）	产值（元）		
12号试验菜棚	西红柿（第一季）	6 420	33 384	大口黑鲈（商品鱼）	1 176	57 624	133 850	52 272
	芹菜（第二季）	15 780	28 404	大口黑鲈（鱼种）	614	61 425		
	生菜（两季）	755	5 285	/	/	/		
22号对比菜棚	西红柿（第一季）	7 109	35 545				51 860	22 105
	芹菜（第二季）	24 012	38 420					

注：生产成本主要包括基肥、菜苗、鱼种、饲料、用电、人工、折旧等。

　　分析表明，在鱼菜共作试验大棚中，每平方米土地的平均产值达到232.7元，其中：种菜区、水培蔬菜区、水产养殖区每平方米产值分别为103元、52.9元和1 190.5元，试验大棚亩产值达15.5万元；而对照组蔬菜单种大棚每平方米产值只有92.5元，亩产值6.2万元。通过发展鱼菜共作，大棚的产值每平方米增加140.2元，每亩增收9.3万元，收益提高了1.5倍。试验基地中进行西红柿和鲈鱼生产的6号棚以及单种西红柿的大棚也取得了类似的效益。

　　示范表明，发展菜棚鱼菜共作，菜棚一年生产两季，每立方米水体产值388元，比全区的55元增加333元；万元GDP用水量26米³，比精养池塘的384米³减少358米³，比工厂化养虾的98米³

减少72米^3。

在三年的示范推广中，只针对鲈鱼、斑点叉尾鮰、鲟鱼、赤眼鳟等水产品种和西红柿、芹菜、生菜、小番茄、辣椒等蔬菜品种进行"混搭"试验，分析表明，发展菜棚鱼菜共作能够提升土地的产量、产值和收益，提高水体的利用率和产出率。同时，研究发现，菜棚鱼菜共作的产值高低、利润高低与菜、鱼的品种以及销售季节密切相关，如何将鱼类与蔬菜在菜棚中完美"牵手"，收获最佳效益和最大化利润，还需要认真试验和长期研究。

（二）生态效益相对明显

在第一季生产过程中，共作系统每月进行一次水质实验室检测，做好数据记录（表7-3）。结果显示，整个生产周期养殖缸的水温为21.8～23.8℃，达到了鱼类最适生长范围，解决了冷凉地区昼夜温差大、水温变化幅度大、鱼类生长缓慢的问题；水体pH 7.5～8，符合鱼类养殖要求；高锰酸盐指数8.1～11.8毫克/升，低于养殖尾水排放要求二级标准值（<25毫克/升），表明微滤机过滤水体中悬浮性粪污的能力较强，对水体的大颗粒有机物处理效果好。

表7-3　2021年鱼菜共作棚水质检测情况统计

时间	采样点	水温（℃）	pH	高锰酸盐指数（毫克/升）	氨氮（毫克/升）	总氮（毫克/升）	总磷（毫克/升）
6月24日	养殖缸	23.8	7.7	11.3	0.20	88.79	4.04
	净化后进水口	23.9	7.9	11.8	1.98	69.27	3.97
7月29日	养殖缸	21.9	8.0	8.9	1.06	50.90	1.55
	净化后进水口	22.0	8.0	9.6	1.01	58.44	1.47
8月19日	养殖缸	23.7	7.8	9.9	0.98	83.18	0.83
	净化后进水口	23.7	8.2	10.4	0.73	82.74	0.80

（续）

时间	采样点	水温（℃）	pH	高锰酸盐指数（毫克/升）	氨氮（毫克/升）	总氮（毫克/升）	总磷（毫克/升）
9月24日	养殖缸	21.8	7.5	8.2	0.64	73.26	2.4
	净化后进水口	22.0	7.3	8.1	0.52	62.84	2.4

《渔业水质标准》规定氨氮浓度应小于0.2毫克/升，养殖生产中一般不宜超过0.5毫克/升，超过2毫克/升时鱼类会出现中毒症状。在四次监测过程中，养殖缸水体的氨氮分别为0.20毫克/升、1.06毫克/升、0.98毫克/升、0.64毫克/升，净化后进水口的氨氮分别为1.98毫克/升、1.01毫克/升、0.73毫克/升、0.52毫克/升，分别降解−890%、4.7%、25.5%、18.8%，降解率中后期显著，但数值较高且不稳定，出现了鱼类体质变弱、摄食变差等现象，这可能与生化罐中微生物制剂的品种不适宜，浓度、分解能力、生物活性下降等有关，应增加生化罐中微生物制剂的浓度或降低养殖密度，避免鱼类产生应激进而患病的风险。

养殖缸水体的总氮50.90～88.79毫克/升、总磷0.83～4.04毫克/升；净化后进水口的总氮58.44～82.74毫克/升、总磷0.80～3.97毫克/升，含量下降幅度较小且数值高于养殖尾水排放要求二级标准值（总氮<5.0毫克/升，总磷<1.0毫克/升），这可能与系统中水培蔬菜的生长不旺盛、不能充分吸收水体中的氮、磷有关，也可能与水培蔬菜区水体流径总长度短有关，需要合理选择水培蔬菜的种类、种植时间，以及增加水培蔬菜的数量，延长水培架水流区的长度。

监测和研究过程中还发现，粪污收集发酵罐中的高浓度液肥经过微生物分解发酵后，液肥的pH为6.7，呈弱酸性，能够中和土壤的碱性，有效降低土壤的盐碱度和盐渍化。同时，高浓度液肥的总氮达51.28毫克/升，总磷达12.50毫克/升，经过一个生长周期的液肥浇灌后，土壤表面形成1~2厘米的有机质层，鱼粪变废为宝成为有机肥，增加了土壤中的有机质含量，提高了土壤的肥力，改善了大棚土质，土壤不易板结，使得原来不适宜土基种植的温棚可以种植蔬菜，在沙石地、盐碱地上效果尤为明显。

（三）社会效益取得实效

推广表明，鱼菜共作系统既生产蔬菜又生产优质鱼类，一地双收，土地资源利用率提高1倍。系统生产用水既养鱼又供菜，一水两用，水资源利用率提高1倍。系统内的水体在整个生产周期内进行循环净化利用，养鱼不换水、不排水。全年养鱼产生的1 500千克鱼粪可满足蔬菜60%的用肥量，结合使用底肥，可减少常规菜棚所需的化肥57千克，种菜不施化肥。鱼类粪肥为蔬菜生长提供养分，蔬菜长势旺盛，种植的西红柿发根快，主杆高而粗，果实由5层增加到7层，落叶期延后25天。三年共带动11户发展鱼菜共作，共有9家建档立卡户致富，吸收23个农民就地长期打工，就近用工1 000人次以上，农民仅工资性收入就增加150余万元。

三、技术推广讨论

（一）打破了传统水产养殖的限制

宁夏固原市水产养殖以大水面增殖为主，面积仅占全区渔业面积2.3万公顷的3.2%，产量仅占全区的0.3%，池塘养鱼、工厂化养鱼、温室养鱼几乎是空白。推广此种模式，打破了传统水产养殖的地域限制，水产养殖由川区水网地区向山区缺水地区拓展，可以在沙滩地区、沙砾地区、山区山地等土壤贫瘠地区推广，开拓了渔业生产的地域；打破了传统水产养殖的空间限制，渔业中的设施养鱼与种植业中的温棚蔬菜种植紧密结合，养鱼和种菜在菜棚中进行"混搭"，传统水产养殖和传统蔬菜种植实现完美"牵手"，开拓了渔业发展的空间；打破了传统水产养殖的生产方式限制，渔业生产从地下生产转向地上和平面立体发展，开拓了渔业发展的外延和边界，为设施蔬菜大棚的综合利用、高效产出、高质量发展贡献了渔业智慧和渔业力量，渔业发展的地域、空间更加广阔，生产类型更加丰富多样，以固原市水产养殖为代表的山区渔业发展潜力得到了充分挖掘。

（二）推动了绿色高质量发展

经过三年试验研究而集成创新形成的菜棚鱼菜共作模式，构建了"水中养鱼－鱼粪供菜－菜净化水－水再养鱼"生态循环种养系统，土地资源、水资源利用率方面取得了"加法"效益，化肥、农药、用工、用水方面取得了"减法"效益，综合产值、利润、增收致富方面取得了"乘法"效益，面源污染、尾水排放、有害物质减少方面取得了"除法"效益，破解了山区发展现代农业如何节约用水、提高水资源利用率、提升水体产出值的难题，三年来已由固原市推广到了银川市永宁县、贺兰县、兴庆区，石嘴山市大武口区，吴忠市青铜峡市，中卫市沙坡头区等全区主要的菜棚生产区，共有20多家企业、村集体、合作社、家庭农场、种养大户、个人等参与推广，实现了经济、生态、社会效益协调发展。推广此种模式，能够充分发挥全区14.3万栋、2.4万公顷日光温室的生产潜力，打造宁夏发展节水农业、农民脱贫致富的主要生产方法，为全区菜棚高效利用、现代农业转型升级、黄河流域生态保护和高质量发展提供先进实用的生产模式。

（三）促进了乡村产业振兴

宁夏属于极度缺水地区，2020年固原市人均水资源占有量仅330米^3，不到全国平均水平的1/8。菜棚鱼菜共作亩均用水量242米^3，比常规日光温室菜棚的340米^{3}节水98米^3，节水控水达28.8%。"冷凉蔬菜"被自治区第十三次党代会和宁夏现代农业"十四五"规划确定为"六特"产业之一进行大力发展，推广此种模式，有利于扬长避短充分发挥资源优势，增强设施蔬菜和设施渔业的发展后劲，实现现代农业可持续发展；有利于抓住全区大力发展冷凉蔬菜的战略机遇，拓宽渔业经济增长领域，增强渔业综合实力，推动农业和渔业绿色高质量发展；有利于巩固拓展脱贫攻坚成果与乡村振兴有效衔接，为周边农户提供大量的就近就业机会，增加其工资性收入，带动农户致富增收。

第八章

盐碱地"以渔治碱"绿色养殖技术

▶ 第一节 技术原理

盐碱地是指土壤集积的盐类影响到作物正常生长的土地。土壤地下浅层水溶解土壤中的盐类，盐类在蒸发作用下经毛细管将水中的盐分带到地表，水被蒸发后，盐分积累在地面浅层土壤中，在没有足够的淡水稀释并将其排走的情况下造成了土壤盐渍化。同时，脱盐使土壤中的钠离子与土壤胶体中的钙、镁离子相交换，胶体吸附较多的交换性钠而呈强碱性反应，使土壤表层碱性盐逐渐积累、交换性钠离子饱和度逐渐增高，土壤物理性质恶化，湿时膨胀，干时板结，通透性变差，从而严重妨碍作物的生长发育。

盐碱地主要分为轻盐碱地、中度盐碱地和重盐碱地，轻盐碱地含盐量在30以下，中度盐碱地含盐量在30~60，重盐碱地含盐量在60以上。轻盐碱地的pH在7.1~8.5，中度盐碱地的pH在8.5~9.5，重盐碱地的pH在9.5以上。

"以渔治碱"是宁夏开展盐碱地（水）综合治理的主要方式之一，通过构建"以渔治碱、改土造田、渔农并重、修复生态"综合治理系统，应用池塘标准化健康养殖、稻渔综合种养、工厂化设施渔业、大水面生态增养殖、盐碱水养殖螺旋藻等生产模式，创新形成"设施养鱼+稻渔共作"、菜棚菜渔共作、棚塘接力养殖、围垦精养等以渔改碱综合技术，集约化生产鱼类、虾蟹以及螺旋藻等，高效开发利用盐碱地资源。

推广盐碱地"以渔治碱"绿色养殖技术可以发挥以渔降盐、以渔改碱的作用，有效降低土壤盐碱度，防止土壤次生盐碱化，解决盐碱地治理改造中盐碱水出路的瓶颈，实现盐碱地水土资源化利用，有效拓展水产养殖空间，提高渔业综合生产能力，缓解粮食压力，增加农渔民收入，助力乡村振兴。

第二节　盐碱地实景

宁夏盐碱地主要集中在北部引黄灌区的低洼地区，盐碱地实景见图8-1和图8-2。

图8-1　宁夏北部引黄灌区低洼盐碱地实景（春季）

图8-2　宁夏北部引黄灌区低洼盐碱地实景（冬季）

第三节　以渔治碱模式实景

　　宁夏引黄灌区的低洼盐碱地，主要采取以渔治碱模式进行利用和开发，形成了盐碱地池塘养殖、大水面围垦养殖、稻渔综合种养、工厂化盐卤水养殖等模式，模式实景见图8-3和图8-4。

图8-3　低洼盐碱地以渔治碱模式实景（池塘养殖鱼类）

图8-4　低洼盐碱地以渔治碱模式实景（温棚养殖螺旋藻）

第四节　技术推广案例

"以渔治碱"是宁夏开展盐碱地（水）综合治理和利用的主要方式之一。宁夏20世纪80年代初期开始发展渔业生产，渔业生产者便在未开发的盐碱地上挖塘养鱼，发展盐碱地渔农综合利用，挖掘盐碱地综合利用潜力，进行盐碱地改造提升。

一、宁夏盐碱地的属性

盐碱土是盐土和碱土的总称。盐土主要指含氯化物或硫酸盐较高的盐渍化土壤，土壤呈碱性，但pH不一定很高。碱土是指含碳酸盐或重磷酸盐的土壤，pH较高，土壤呈碱性，盐碱土的有机质含量少，土壤肥力低，理化性状差，对作物有害的阴、阳离子多，作物不易促苗。

盐碱地属于盐类集积的一个种类，土壤里面所含的盐分会影响作物的正常生长。根据联合国教科文组织和粮农组织不完全统计，全世界盐碱地面积9.5亿公顷。我国盐碱地面积9 913万公顷，碱土和碱化土壤的形成，大部分与土壤中碳酸盐的累积有关，因而碱化度普遍较高，严重的盐碱地区植物几乎不能生存。

宁夏引黄灌区土壤盐化，大部分属于盐土分布类型，一般位于黄河冲积平原的下段平低洼地，主要分布在银川平原和卫宁平原，面积约100万公顷。地下水位一般为1.5～2.5米，盐分积聚于10～30厘米的土体范围内，盐分在剖面过渡缓慢，一般在约50厘米以下才逐渐减少，盐土的养分状况较差，有机质含量一般小于1.2%，全氮含量介于0.04%～0.06%，pH 7.7～9.3，变化较大。

土壤盐渍化一直是宁夏农业生产的重要制约因素，长期以来受到宁夏各级政府的高度关注。研究土壤盐渍化发生的原因和演化规律，探求防治土壤盐渍化的有效措施，是改良土壤、提高农业生产力、改善生态环境的重要任务。宁夏针对盐碱土的改良办法，重点放在改善土壤的水分状况上面，一般分三步进行，首先排盐、洗盐、降低土壤盐分含量；再种植耐盐碱的植物，培肥土壤；最后种植作物。宁夏渔业在开发利用引黄灌区盐碱地宜渔资源的过程中，走出了一条"以渔治碱"的生产模式。

二、推广"以渔治碱"养殖的主要技术模式

宜渔盐碱水土是指可以开展盐碱地渔农综合利用、盐碱地池塘养殖、大水面增养殖和盐碱湿地保护的盐碱地和盐碱水，"以渔治碱"是宁夏开展盐碱地（水）综合治理的主要方式之一。宁夏从20世纪80年代初期开始发展渔业生产，遵循"不与粮食争耕地、不与牛羊争草原"的原则，利用联合国粮农组织"2814"援助项目，在未开发的盐碱地上开挖池塘养鱼。目前，宁夏已利用盐碱地开展渔农综合种养，面积1.5万公顷，主要采取池塘大宗淡水鱼精准养殖、"设施养鱼＋稻渔共作""设施养鱼＋菜渔共作"综合种养、棚塘接力养殖、水质调控、螺旋藻养殖加工等技术模式开展盐碱地渔业生产，取得了明显成效。

（一）池塘主养技术模式

针对西北地区适宜养殖种类少、渔业生产方式落后等突出问题，集成盐碱水综合调控技术、苗种水质驯化技术、多生态位鱼类精准搭配技术，根据当地水质特点，以大宗淡水鱼中的鲤鱼、草鱼为主养品种，调整鲢、鳙等搭配品种，增加经济价值较高的鲫鱼、鲶鱼等耐盐碱名优鱼类，在不加大主养鱼放养密度的条件下，通过水质调控、精准投喂饲料等技术，改善养殖环境，开展盐碱地池塘养殖品种调整、养殖方式试验示范，提高经济效益。

（二）棚塘接力养殖技术模式

针对西北地区温差大、生长期短的气候条件，集成设施化南美白对虾淡化、标粗技术与名优品种提早培育大规格鱼种技术，开展设施化棚塘接力养殖模式示范，充分利用设施温棚提早培育大规格苗种，提高池塘养殖投苗规格，延长养殖周期，使养殖动物在当年销售价格处于高位阶段时达到上市规格，实现养殖效益最大化。

（三）大水面围垦精养技术模式

针对西北地区盐碱湖塘、大水面所面临的生态环境恶化、盐碱水利用率低的问题，在保护生态环境的前提下，根据不同水域的自然状况，开展围垦精养。盐碱湖塘养殖模式主要投放鲤鱼、鲫鱼、草鱼等品种，套养河鲈、梭鲈、大口黑鲈、河蟹、南美白对虾等名优水产品，提高盐碱水产出效益。采用大水面养殖模式的区域以河套平原芦苇湖、平罗沙湖、中卫腾格里湖为主，盐度3左右，养殖鱼类以鲢、鳙等滤食性鱼类为主，套养少量的黄河鲤、草鱼、鲫鱼等。

（四）稻渔综合种养技术模式

结合宁夏稻田原来建设的排水、排碱田间沟的资源特点，将稻田改造为开口宽5米、底宽1.5米、深1.8米的"宽沟深槽"稻田，开展稻渔综合种养，主要有"稻蟹共作""稻鱼共作""稻鸭共作"等模式，一水两用，一地双收。集成创新形成"设施养鱼＋稻渔共作"综合种养模式：通过宽沟深槽收集浸泡淋洗后的洗盐排碱水，用于流水槽等集约化养殖，养殖对象为鲤鱼、草鱼、大口黑鲈、斑点叉尾鮰等品种，在养殖过程中，将富含有机质的养殖肥水经底排污系统收集后，固液分离，液体部分经生态池处理循环利用，固体废弃物经发酵处理后返田使用，实现节水节能、节药节肥、增产增收目标。

（五）设施工厂化盐卤水养殖技术模式

利用吴忠市、石嘴山市相对丰富的盐卤水资源，依托盐池县宁丰饵料公司、盐池县怡健生物工程有限公司、石嘴山市富慧翔生态农业科技发展有限公司，投资建设工厂化车间，因地制宜开展以南美白对虾（养殖加工）、丰年虫（养殖加工）、螺旋藻（养殖加工）、鲟鱼（采集加工鱼子酱）等耐盐碱广适性品种为主的工厂化循环水养殖、温室温棚养殖，发展创汇型渔业，带动当地农民就业，增加农民收入，探索发展巩固脱贫攻坚成果与乡村振兴有效衔接的产业振兴之路。

（六）菜棚菜渔共作综合种养技术模式

在引黄灌区土壤盐化市县区，在盐碱地上建设蔬菜大棚，大棚内加建养鱼系统，开展设施蔬菜大棚鱼菜共作生态综合种养试验示范，利用养殖尾水浇灌蔬菜，增强土壤肥力，改变土壤成分，缓解盐渍化程度，促进盐碱地向优质良田转变，同时增加生产水产品，探索发展"以渔改碱、以渔治碱"新模式，实现生态效益、经济效益双赢目标。

（七）盐碱池塘水质综合调控和尾水处理技术模式

西北池塘盐碱水由于光照强、水体小，水质变化快。5—6月气温升高，浮游生物繁殖快，易形成蓝藻优势种。宁夏河套地区盐碱池塘的检测数据表明，银北地区以平罗县、贺兰县池塘盐碱度相对较高，盐度2左右，碱度260毫克/升左右，pH 8.4～9.3；而银南地区中卫市沙坡头区池塘盐度1左右，碱度170毫克/升左右，pH 8.3～8.7，但蓝藻暴发依然严重。主要采用复合净水剂、生物控制、适时少量换水等技术调节水质，保持水体菌类和藻相平衡，保证鱼类苗种培育和对虾、鱼类养殖的成活率。通过实施标准化池塘改造，推广"三池两坝"、稻渔综合种养、复合生态沟塘、工厂化水体消杀、温棚微生物降解等水质净化模式，应用沉淀过滤、植物吸收、微生物分解、生态循环等技术方法，探索形成了2～3种投资小、易推广、见效快且符合宁夏一家一户小面积池塘的养殖尾水治理模式。

三、棚塘接力盐碱水养殖南美白对虾技术推广

2020年，银川市兴庆区掌政镇的一家渔业专业合作社，流转闲置的盐碱荒地14.7公顷，建设南美白对虾养殖大棚23栋、1.6万米^2，开挖鱼塘4口、3.1公顷，进行棚塘接力盐碱水养殖南美白对虾示范。

（一）基地养殖设施准备

1. 养虾温棚。日光节能温棚为钢结构简易塑料薄膜大棚，长60米，宽12米，棚内塘口平面距棚中心最高点4米。温棚两侧下方设置宽1米的活动通风口，棚膜选用2毫米塑料薄膜，上架后用塑料绳50厘米一档拉紧两头绑定。棚池深1.2米，坡比1∶1.5，池塘底部为锅底形，在池塘底部最低洼处设置排污口2处，用于棚池废物排放、水体交换和起捕虾苗。温棚正中间架设高于水面30厘米、宽度50厘米的作业通道，池塘增氧输气管道和池水加热管（虾苗淡化池使用）设置在通道下方。

2. 养虾池塘。单个养殖池塘面积8亩左右，池底平坦，淤泥少，池塘坡比1∶1.5，最大有效水深1.8米，具有独立的进排水系统。养殖场备有蓄水池和微咸水机井，水源充足且符合渔业用水标准。每口池塘配备1.5千瓦变频式增氧机2台。

（二）虾苗温棚淡化标粗

1. 放苗前准备工作。每年4月底开展放苗前准备工作。首先修整池坝，清除池中杂物，检查修复进排水系统、棚膜、增氧管道、

加热管等生产设施设备。然后排干棚池积水，并进行深耕、暴晒，7天后，加注池水30厘米，选用漂白粉（含有效氯30%）进行池塘消毒，每亩每米水深用量25～30千克。3天后将池水排干，进水口用80目筛绢网袋扎好，隔天重新加注池水至80厘米。

虾苗下塘前5天，调节好池水盐度，用比重计进行测试，达到8～10刻度较为适宜，基本与原育苗场水体盐度接近。准备工作就绪，等待接苗下塘。

2. 虾苗淡化。虾苗质量的优劣是养殖成败的关键，因此选择虾苗时要严把质量关，放养的虾苗必须从正规的虾苗繁育场购买，要求虾苗无特异性疾病，规格均匀、体质健壮、活动敏捷、无病无伤。养殖场每年5月初空运优质虾苗并开始投苗淡化，每栋温棚（面积约1亩）投苗100万～120万尾。虾苗下塘前1天，全池泼洒维生素C，每亩每米水深用该溶液1千克＋葡萄糖酸钙1千克，降低虾苗因环境变化产生的应激反应，提高虾苗成活率。

放苗12小时后投喂丰年虫、虾片饵料作为开口饵料，每天投喂饵料6次，丰年虫、虾片各3次，每间隔4小时投喂1次，第一天投喂量为3～5克/万尾，随后每天投喂量递增10%～15%。淡化池第三天开始换水以逐渐降低池水盐度，每天中午排水8～10厘米，再加注同等量经曝气净化处理的水，经过7～10天的水体交换，直到淡化池内池水盐度从8～10刻度降到0～1刻度（水体比重计测试），虾苗体长0.8～1厘米时，避开虾苗脱壳期，起捕转入标粗池进行大规格虾苗培育。

整个虾苗淡化期间，合理开启、调控增氧和加热设备，确保溶氧始终在5毫克/升以上，虾池水温26～30℃。水体其他理化指标：pH在8.0～8.6、氨氮含量小于0.3毫克/升、亚硝酸盐含量小于0.05毫克/升，满足淡化期间虾苗正常摄食、脱壳生长需求。

3. 虾苗标粗。虾苗淡化期间要提前做好标粗温棚池塘清塘、消毒工作，检查修复进排水口、棚膜、电路等设施设备，每口塘除安装曝气增氧设备外，还需配备1.5千瓦水车式增氧机2台。每栋温棚投放淡化虾苗40万～50万尾，标粗期间要重点做好水质调控、矿物质补充、合理投喂及日常管理工作。放苗前5天，标粗池注水80厘米，选用EM菌剂进行肥水，调节水色至豆绿色，以肥、活、嫩、爽为宜，池水透明度在30厘米左右。虾苗下塘第二天进行饲料投喂，每天投喂4次，投喂时间依次为上午6时、上午10时、下午2时、下午6时。前10天选用粉状标粗料投喂量10～20克/（万尾·天），以后每天按10%～15%递增投喂量，10天后改用粒径小于0.8毫米的颗粒标粗饲料进行投喂。

虾苗标粗期间每3～5天进行1次肥水和池底改良工作。同时为满足虾苗对矿物质的需求，每间隔3天全池泼洒钙镁精等微量元素产品。增氧曝气设备24小时运行，白天中午开启水车式增氧机进行曝气，促进水体上下循环；合理调控加热设备，使水温维持在25℃以上。同时每天观察投料台（沉于池底的绢筛）残饵，酌情增减投喂量。

虾苗经过20～30天棚池标粗，体长达到3～4厘米，待室外气温正常，水温20℃以上时，将虾苗适时转入外塘。

4. 日常管理。苗种淡化和标粗期间，棚池需设置遮阴网，白天要通风，晚上要保温，水温控制在25℃左右，严格执行每天早晚巡塘检查的生产管理制度，检查生产设施、设备是否完好和正常运行，观察虾池水质变化和对虾摄食与活动情况，发现虾池转水或病虾慢游等异常情况，应及时采取应急措施。

（三）池塘养殖管理

1. 虾苗的放养。商品虾露天池塘须提前做好清塘、消毒、肥水等准备工作，待室外水温稳定在20℃以上。选择时机适时放养。放养时间为每年6月1日前后，经温棚淡化、暂养标粗的虾苗，规格为3～4厘米，平均放养密度30万～45万尾/公顷。

2. 水质调控。水环境质量的好坏直接影响虾的生长和养殖成活率。由于西北盐碱地区生产用水较为紧张，为防止养殖水体矿物质流失，整个养殖周期原则上只加水，不外排。一般情况下每间隔10～15天加水8～10厘米，每间隔7～10天选用EM菌等微生态制剂进行肥水和池底改良。

每天进行水质监测，及时掌握水体温度、pH、溶解氧、氨态氮等理化指标变化情况。夜间合理开启增氧机，增加水体载氧量，白天中午开启2～3小时，促进池水循环和充分曝气。

3. 微量元素及能量补充。 虾苗体长10厘米之前，由于体质弱、生长快、脱壳频繁，容易出现虾体软壳、应激死亡等现象，养殖过程按"$n+1$"（n为虾苗体长）间隔天数的规律，使用微量元素制剂和葡萄糖酸钙进行矿物质和能量补充。虾苗体长超过10厘米后，每间隔15天使用一次，满足虾苗正常脱壳、生长需求。

4. 投饲管理。 虾苗下塘3天后开始驯化投喂对虾全价配合颗粒饲料，养殖前期饲料蛋白质要求达到40%，中后期32%以上。养殖前期每天投喂2次，养殖中后期掌握在3～4次，早晚投喂量占日投喂量的60%～70%，中间投喂量占30%～40%。日投喂量应根据虾苗数量、水温和摄食情况加以确定，饲料投喂管理遵循"宁少勿多、少量多餐"、投料台内不留残饵的原则（表8-1）。

表8-1　对虾体长、体重与投饵量参考值

序号	体长（厘米）	体重（千克/万尾）	日投饵量（克/万尾）
1	3	3.20	100～150
2	4	7.60	200～250
3	5	15	400～500
4	6	25	500
5	7	40	1 200
6	8	60	1 500
7	9	85	1 800

序号	体长（厘米）	体重（千克/万尾）	日投饵量（克/万尾）
8	10	120	2 100
9	11	160	2 400
10	12	200	2 600

5. 病害防治。养殖期间尽量减少抗生素和消毒剂的使用；养殖后期每15天左右全池泼洒刺激性小、不破坏水环境的消毒剂，预防季节性病害发生。实践证明，调控养殖水质达到爽、活良好状态，可以大幅降低病害发生概率，因此病害防治工作要重点强化水质管理工作，定期使用微生态制剂和底质改良剂进行水质调控，保持良好的养殖水环境质量及稳定性。

6. 日常管理。养殖期间应关注天气预报，在连续阴雨天和高温闷热季节，虾池要适时泼洒维生素C制剂和投放高效缓释型增氧剂，有效减低环境变化时虾的应激反应和增加虾池溶氧。

7. 起捕收获。商品虾起捕收获采用地笼诱捕、最后干塘起捕的方法。收获时间根据市场价格和对虾生长情况来确定。对虾规格达到60~80尾/千克时即可捕大留小、及时上市，在起捕收获期间不能停止投喂饲料，要保持适宜的水体溶解氧。

（四）经济效益分析

此模式淡化15天、标粗25~30天、池塘养殖30~35天即可收获，规格可达80尾/千克。

2016—2019年连续4年，养殖基地示范推广对虾棚塘接力养殖模式，取得平均每亩产量265千克、最高产量310千克、效益8 000元以上的良好效益。2019年，棚塘接力养殖综合效益见表8-2。

表8-2　2019年对虾养殖综合效益统计

类别	1号池塘	2号池塘	3号池塘	4号池塘
面积（亩）	8	8	10	10
生产投入支出情况				
苗种（元）	12 000	8 000	16 000	14 000
饲料（元）	24 000	18 920	37 600	35 200
肥料药物（元）	12 200	8 000	18 800	18 200
人工（元）	9 000	9 000	9 000	9 000
塘租（元）	4 000	4 000	4 000	4 000
水电（元）	3 100	2 800	4 600	4 600
商品虾收获情况				
出塘时间	9月6日	9月6日	9月6日	9月6日
规格（尾/千克）	50	46	52	50
单产（千克/公顷）	3 900	3 150	4 650	4 200
单价（元/千克）	64	64	60	60
综合效益情况				
支出（元）	64 300	50 720	90 000	85 000
产值（元）	133 120	107 520	186 000	168 000
效益（元）	68 820	56 800	96 000	83 000

四、养殖讨论

（一）棚塘接力养殖对虾生态效益明显

实践证明，推广示范棚塘接力养殖南美白对虾模式产生了良好的生态效益。首先，可以加快荒滩地洗盐排碱速度，有效降低土壤盐碱含量，并且通过养殖生产实现盐碱地有机质含量提高30%以上，具有显著的改良土壤、修复生态环境和提高土地资源利用率的作用。其次，该养殖模式用水量少，整个养殖周期棚池、外塘水资源实现循环利用，少量生产尾水经沉淀、净化，达标后排入盐碱地稻田进行综合利用。最后，生产过程中使用的肥料、渔药等投入品以微生态制剂和中草药制剂为主，水产品质量及生态环境保护成效显著。因此，棚塘接力养殖对虾模式具有高效节能、绿色环保、产业提质增效的作用，具有广阔的发展前景。

（二）棚塘接力养殖模式推广前景较好

棚塘接力养殖模式通过实践总结，养殖技术日趋成熟，解决了宁夏地区对虾虾苗成活率低、养殖风险大、生产效益不稳定等问题。同时合作社通过开展对虾养殖示范推广、科技培训、优质虾苗供给等服务工作，提高了当地对虾棚养殖管理水平，为优化当地渔业结构、促进渔业高质量发展发挥了积极的示范带动作用。对虾棚塘接力养殖模式的示范推广，可有效辐射带动当地农户规模化从事对虾养殖，养殖面积每年呈10%递增，养殖效益高于常规大宗淡水鱼，人均增收8 000元以上，同时，随着养殖技术进一步完善、养殖规模扩大，将实现鲜活对虾本地化供给，丰富城乡居民"菜篮子"，满足城乡居民对绿色健康名特优水产品的需求，对推进新农村建设战略具有十分现实的意义。

五、设施工厂化盐卤水养殖螺旋藻技术推广

宁夏吴忠市盐池县的盐碱地（水）资源相对集中，全县有盐碱水面近10万亩，2010年引进盐池县怡健生物工程有限公司（位于盐池县万亩生物科技示范园内，是一家从事螺旋藻养殖、生产、加工、销售的科技型独资出口企业），利用盐池县冯记沟乡、惠安堡镇等盐碱地（水）资源，重点开展螺旋藻盐碱地（水）养殖。一是

充分利用当地闲置盐碱土地和盐碱水资源，通过土地流转方式，建设螺旋藻产加销基地100公顷，建设螺旋藻养殖棚1 000座，配套建设育种区、加工区，开发高品质优质绿色螺旋藻系列产品，年生产螺旋藻粉剂、片剂100万千克，藻蓝蛋白8万千克，产值7 000多万元。二是研发出了国内具有领先水平的二氧化碳螺旋藻养殖技术、异养发酵小球藻养殖技术，应用全封闭跑道式螺旋藻养殖技术模式，采用绢布筛网收藻、烘干、筛粉、分级、包装、储存等自动化无污染生产流程，利用国内最先进的高速离心喷雾干燥机进行灭菌，严把工艺流程关键环节质量关，产品达到了绿色标准和食品级标准，通过ISO9001质量管理体系和HACCP食品安全管理体系认证，产品98%出口至欧洲和美国、日本等国家。三是产业发展提高了盐碱土地利用率和产出效益，增加了当地农民收入，对农业产业结构调整、发展特色经济和乡村振兴起到积极推动作用。每年带动50户人员实现就地就近务工，户均增收1万元以上。

第二部分

水产养殖尾水治理篇

第九章

水产养殖尾水治理技术

▶ 第一节　养殖尾水中相关指标的来源

一、悬浮物

悬浮物是指悬浮于水中、不能通过0.45微米滤膜且易沉降的细小有机物或无机物颗粒。养殖水体经过一个养殖周期后，由于饲料的投入、养殖生物的活动、气象条件等各种因素的作用，养殖水体中的悬浮物会逐渐增加。

二、pH

pH是水体中氢离子活度的度量，天然水中的pH是各种溶解的化合物所达到的酸碱平衡值。天然水中的碳酸盐体系对pH起着主要调节作用，引起水域pH变化的重要因素是浮游植物的光合作用和生物残骸、排泄物等的分解。光合作用盛行时，吸收二氧化碳，放出氧气，pH随之升高；当有机质分解时，消耗氧气，放出二氧化碳，pH降低。

三、高锰酸盐指数

淡水水域中一般采用高锰酸盐指数反映化学需氧量。影响水体中化学需氧量的主要因素是水中含有的还原性无机物和可被氧化的有机物，即以化学需氧量作为水体受还原性有机物、无机物污染程度的综合指标。池塘水中这些污染物主要来自养殖过程中未被养殖生物利用的饲料、养殖生物的排泄物以及各种微生物分解所产生的各种还原性无机物和有机物。

四、总磷

总磷包括有机磷和无机磷，它们存在于水体、腐殖质粒子或水生生物中，各种形式的磷在一定的条件下可以相互转化。养殖尾水中的总磷主要来源于饲料中的添加剂、饲料分解物以及养殖生物的排泄产物。

五、总氮

总氮是指水体中有机氮和无机氮（氨氮、亚硝态氮和硝态氮）的总和，各种形式的氮在一定条件下可以相互转化。水域中的氮主要来源于陆源输入，其次是降雨和水生生物的排泄以及尸体腐解。养殖尾水中的氮则主要来源于饲料的投入、蛋白质的分解和水生生物的排泄。

▶ 第二节　养殖尾水中相关指标对鱼类的危害

一、悬浮物

悬浮物增多会造成水体混浊、对光的散射与阻挡，进而影响水色和透明度，降低浮游植物的光合作用，影响水生生物的呼吸和代谢，严重时会造成鱼、虾、蟹窒息死亡。如果含大量悬浮物的养殖水排出，势必对受纳水体的生态环境产生危害。

二、pH

pH小于5时水体呈酸性，鱼的鳃部黏液增加，过多的黏液和沉淀的蛋白质覆盖于鱼鳃使鱼窒息死亡。而有些难离解的弱酸可透过鱼体组织，影响血液的pH，进而影响红细胞与二氧化碳结合的能力，降低整个机体的呼吸代谢机能。pH大于9时水体呈碱性，对鱼有强烈的腐蚀性，鱼体及鱼鳃损伤严重，同时，由于刺激性使鳃黏液大量分泌并凝结于鳃部，使鱼呼吸困难窒息，鱼体表面黏膜被溶解，使鱼失去控制机体渗透压的能力而死。

三、化学需氧量

化学需氧量是判断水域中有机物含量的重要指标，水体中的有机物含量，直接影响生物的生长。影响水体中化学需氧量的主要因素是水中含有的还原性无机物和可被氧化的有机物，所以用化学需氧量作为水体受还原性有机物、无机物污染程度的综合指标。水域中一般采用高锰酸盐指数反映化学需氧量高低。

四、总磷

磷酸盐是水域中浮游植物的营养盐之一，主要作用物质是活性磷酸盐，浮游植物在合适的氮磷比范围内且在营养盐过量提供的条件下，生长旺盛，某些藻类的个体数量还会突发增殖，情况严重时藻类的种类会减至两三种，破坏了生态结构，造成水体缺氧或毒化。

五、总氮

当水体中的氮过高时，会对环境产生不利影响：导致水体富营养化，产生水华，破坏水体中原有的生态平衡。

▶ 第三节　养殖尾水中相关指标的改善方法

一、悬浮物

主要有三种去除办法。一是物理法，通过混凝、沉淀、过滤、吸附等方法去除。二是生物法，借助微生物的新陈代谢，对水体中的杂质进行去除。三是化学法，采用臭氧处理或絮凝剂等方法去除。《淡水池塘养殖水排放要求》（SC/T 9101—2007）中规定，悬浮物一级排放标准为50毫克/升，二级排放标准为100毫克/升。

二、pH

水体的pH稳定，则水中营养盐的可利用率高，有利于浮游植物的稳定生长。水体的pH与水体的碱度有直接关联，水中的总碱度主要由重碳酸盐、碳酸盐、氢氧化物以及硼酸盐、磷酸盐、硅酸盐决定。黄河水系的总碱度平均为162.5毫克/升。碱度对水产养殖也非常重要，主要起到稳定水体pH的作用，水产养殖合适的总碱度为75~200毫克/升。多数池塘的总碱度为40~60毫克/升，需要将总碱度提高到120毫克/升才有利于pH的稳定，增强水体的缓冲能力而稳定水体。主要采取加大水体循环、增氧、曝气等方法。《淡水池塘养殖水排放要求》（SC/T 9101—2007）中规定，pH的限量范围为6.0~9.0。

三、高锰酸盐指数

主要有三种降低办法。一是物理法，通过混凝、沉淀、过滤、吸附等方法降低。二是生物法，借助微生物的新陈代谢，对水体中的有机质进行降低。三是化学法，采用强氧化性的物质与水中的有机物质发生氧化还原反应降低。《淡水池塘养殖水排放要求》（SC/T 9101—2007）中规定，高锰酸盐指数一级排放标准为15毫克/升，二级排放标准为25毫克/升。

四、总磷

主要有三种去除办法。一是生物法，利用微生物及反硝化的原理，让水中磷酸盐以被硝化或转化的方法去除。二是物理吸附去除法，利用活性炭、活性氧化铝等材料进行物理吸附的方法去除。三是化学法，投放除磷药剂，使之与水中的污染物产生化学反应，生成难溶性的磷酸盐的方法去除。《淡水池塘养殖水排放要求》（SC/T 9101—2007）中规定，总磷一级排放标准为0.5毫克/升，二级排放标准为1.0毫克/升。

五、总氮

主要通过微生物将含氮无机物降解转化为氮气的方法去除。《淡水池塘养殖水排放要求》（SC/T 9101—2007）中规定，总氮一级排放标准为3.0毫克/升，二级排放标准为5.0毫克/升。

第十章

养殖基地"三池两坝"尾水治理技术

第一节　技术原理

对养殖基地的进排水系统进行整体规划，将养殖基地的传统排水渠挖宽挖深升级为尾水治理生态沟渠，建设沉淀池、过滤坝、生物净化池（曝气池）、过滤坝和洁水池，种植水生植物、投放滤食性鱼类、放养底栖动物、培繁微生物、配置曝气设施、放置生物毛刷，形成"三池两坝"养殖尾水治理系统，面积为养殖基地面积的6%～10%。沉淀池、生物净化池、洁水池面积分别占尾水治理系统的40%、20%和40%；过滤坝宽3～5米，滤料直径2～10厘米，从下向上逐渐分层变大，表面种植水生植物。

养殖池塘尾水排放至生态沟渠后汇集到沉淀池，在沉淀池中进行自然沉降，尾水中的大部分固体悬浮物沉淀到池底；尾水经沉淀后进入第一道过滤坝，过滤尾水中的大型颗粒物；尾水经过滤后进入生物净化池（曝气池），曝气增加水体中的溶解氧，添加芽孢杆菌等微生物制剂，加速水体中有机质、无机盐的分解；尾水再进入第二道过滤坝，进一步滤去水体中小型固体颗粒物；最后进入洁水池，水生植物吸收利用水体中的氮磷物质，并利用滤食性水生动物去除水体中的藻类，水质达标。

养殖水体从池塘中排出，流经沉淀池-过滤坝-生物净化池-过滤坝-洁水池，通过自然沉淀、水生植物吸收净化、微生物分解、曝气增氧、滤食性鱼类滤食利用、底栖动物食物转化等物理、化学、生物措施，其中的有机物、氨氮、亚硝酸盐、氮、磷等得到利用、降解、净化，大大降低尾水中有害物质的含量，减少农业面源污染，切实改善养殖环境，确保养殖尾水重复利用或达标排放，集中连片处理养殖基地的全部养殖尾水。

第二节　技术路线

养殖基地的养鱼水体从池塘中排出，流经沉淀池-过滤坝-生物净化池-过滤坝-洁水池进行自然沉淀、水生植物吸收、微生物分解，降解、利用水体中的氨氮、亚硝酸盐、磷等，技术路线见图10-1。

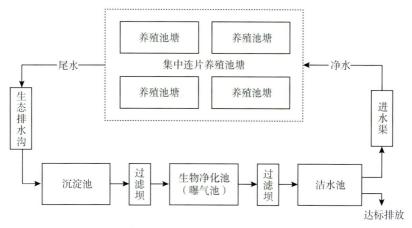

图10-1　养殖基地"三池两坝"尾水治理技术路线

第三节　模式示意

养殖基地建设沉淀池、过滤坝、生物净化池、过滤坝、洁水池"三池两坝"尾水治理设施设备，利用物理、化学、生物等措施降低尾水中的有害物质，减少农业面源污染，模式示意见图10-2。

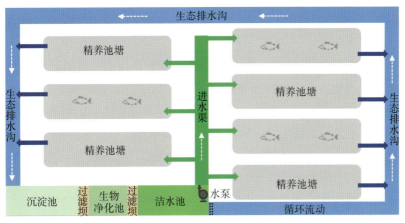

图10-2　养殖基地"三池两坝"尾水治理模式

注：①"三池两坝"占养殖池塘总面积的6%～10%；②沉淀池、生物净化池、洁水池各占40%、20%、40%；③过滤坝宽3～5米，中间从下到上分层填充直径5～20厘米的填充料。

▶ 第四节　模式实景

养殖基地"三池两坝"尾水治理模式已成为宁夏渔业治理养殖尾水的主要模式之一，经过多年的推广做到了全区健康养殖示范场全覆盖。模式实景见图10-3和图10-4。

图10-3　养殖基地"三池两坝"尾水治理模式实景（净化池局部）

图10-4 养殖基地"三池两坝"尾水治理模式实景(过滤坝)

▶ 第五节 技术推广案例

2020年,银川科海生物技术有限公司结合养殖基地实际情况,构建了养殖基地"三池两坝"尾水治理系统,形成了"三池两坝"尾水治理及生态循环综合种养模式,2021年又对系统进行改造升级,完善增氧曝气设备,基地养殖尾水中的物质经过"三池两坝"等多层级的循环,各种能量在不同功能区中流动,解决了养殖尾水直排、水产养殖面源污染等问题,实现了绿色健康养殖和环境友好发展的目标,为黄河流域生态保护和高质量发展提供了科技支撑。现将2020—2021年该公司基地"三池两坝"尾水治理系统构建及治理效果介绍如下。

一、材料和方法

(一)试验基地选择

本试验研究基地为银川科海生物技术有限公司养殖基地,位于宁夏回族自治区银川市贺兰县常信乡四十里店村，基地是国家级健康养殖示范场、水产健康养殖"五大行动"骨干基地、银川市农业产业化龙头企业、贺兰县渔业创新中心。养殖基地共有养殖池塘13口，面积34.6公顷，主要养殖鲤鱼、草鱼、鲢、鳙、斑点叉尾鮰、河蟹、泥鳅、团头鲂等宁夏主导品种，养殖模式主要有池塘精养、流水槽养殖、温室养殖等，每公顷平均产量24 000千克。基地四周开挖环形排水沟，养殖尾水全部进入环形排水沟。

（二）"三池两坝"尾水治理系统构建

2020年，将养殖基地南边的传统排水沟挖宽挖深，升级为尾水治理生态排水渠，在生态排水渠的后端建设沉淀池、过滤坝、生物净化池、过滤坝和洁水池，种植水生植物、投放滤食性鱼类、放养底栖动物、培繁微生物、配置曝气设施、放置生物毛刷，形成"三池两坝"养殖尾水治理系统，面积占基地面积的6.5%。

"三池"是指沉淀池、生物净化池、洁水池，宽12.5米，长分别为150米、75米和150米，面积占比分别为40%、20%和40%。沉淀池中种植沉水性和挺水性水生植物，投放滤食性鱼类鲢、鳙和底栖动物田螺，沉淀大颗粒悬浮物，吸收氮磷和减少浮游生物；生物净化池中配置曝气设施，利用底部曝气系统进行增氧曝气，水体上部放置生物毛刷浮架，泼洒微生物制剂培繁各种菌类分解有机物和有毒有害物质；生态洁水池中放置浮床性水生植物，配置叶轮式增氧机，降解氨氮、提高水体溶解氧。

"两坝"是指在沉淀池、生物净化池、洁水池中间建设的两道过滤坝，坝长12.5米、宽3.0米，坝高比正常水面高出20厘米。坝体两侧建20厘米的有孔墙体，中间部分分层设置砾石、火山石等的滤料，滤料直径2～10厘米，从下向上逐渐分层变大，表面种植水生植物。

（三）尾水循环治理路线设计

基于物质循环和能量流动原理，养殖水体从池塘中排出进入排水渠，流经沉淀池-过滤坝-生物净化池-过滤坝-洁水池，通过自然沉淀、水生植物吸收净化、微生物分解、曝气增氧、滤食性鱼类滤食利用、底栖动物食物转化等物理、化学、生物措施，水体中的悬浮物、有机物、氨氮、亚硝酸盐、氮、磷等得到沉淀、吸收、降解、净化，确保养殖尾水重复利用或达标排放，集中连片处理养殖基地的全部养殖尾水。

（四）科学开展试验研究

每年4月中旬，在"三池两坝"中种植水生植物，"三池"中的水生植物通过泡沫浮板打孔定植，泡沫浮板长80厘米、宽60厘米，上面打5厘米的小孔24个。一排4板，每池6～10排不等。植物主要为空心菜、薄荷、狐尾藻、千屈菜等根系发达的品种。"两坝"上的水生植物主要为大丽花、花叶芦竹、水葱、鸢尾草等多根系直立品种。种植面积占总面积的20%。

进入养殖季节，在尾水总排水口和"三池两坝"最后抽水口设置采水点，定期进行水质取样，进行实验室检测分析，依据《淡水池塘养殖水排放要求》《淡水养殖水质标准》《地表水水质标准》中规定的相关参数进行判定，重点测定水温、pH、盐度、高锰酸盐指数、氨氮、亚硝酸盐、总磷、总氮、溶解氧、磷酸盐等。对养殖基地的产值、效益、用水、养殖病害发生率、用药量、产品质量检测合格率等进行数据收集分析。

二、试验示范结果

（一）尾水治理效果明显

2020年取样检测表明，采用"三池两坝"养殖尾水治理系统，池塘养殖尾水中的氨氮、亚硝酸盐、总磷、总氮分别从2.32毫克/升、0.71毫克/升、0.62毫克/升、4.11毫克/升降至0.61毫克/升、0.01毫克/升、0.40毫克/升、2.24毫克/升，分别降解73.7%、98.6%、

35.5%、45.5%。2021年取样检测表明，池塘养殖尾水中的总氮、总磷、高锰酸盐指数、氨氮分别从2.93毫克/升、0.49毫克/升、8.83毫克/升、0.55毫克/升降至1.03毫克/升、0.18毫克/升、4.33毫克/升、0.41毫克/升，分别降解64.8%、63.3%、51.0%、25.5%。养殖尾水中总氮、总磷、高锰酸盐指数3项指标均未超标，尾水治理总体效果非常明显。

（二）养殖效益显著

两年的试验表明，基地应用"三池两坝"尾水治理模式，养殖效益增加15%以上，每公顷增加产值12 000元。节约用水35%，养殖病害发生率2%以下，基地养殖用药减少30%，产地水产品质量检测合格率100%。

（三）尾水治理系统科学合理

在两年的试验过程中，尾水治理系统正常运行后，池塘水体的水温都处在正常水平，pH在8～9，盐度均小于0.8，溶解氧达到了5毫克/升，磷酸盐总体保持在0.15毫克/升以下，氨氮大多数采样日小于1毫克/升，亚硝酸盐大多数采样日低于0.15毫克/升，符合地表水Ⅲ类标准。经过治理的养殖尾水，利用水泵抽入进水渠后流入养殖池塘再利用。

三、技术推广讨论

水产养殖基地构建"三池两坝"养殖尾水治理系统，将水产养殖基地的全部养殖尾水集中起来，形成一个水体循环利用的整体，池塘养殖尾水直接进入"三池两坝"养殖尾水治理系统，降低了尾水中的悬浮物、盐度、总碱度等，从而使水质能够维持在正常的水平，水质得到改善，杀菌药物的使用相应减少。

净化后的水体再进入池塘进行水产养殖，使池塘水体得到更新，不断循环的水体又能节约水资源，形成一套渔业生态循环、物质多级利用、能量重复流动的节能减排、绿色生产系统，构建出了一种节能减排、产出高效、产品安全、资源节约、环境友好的现代渔业新模式。

第十一章

"流水槽+"生态健康养殖及尾水治理技术

▶ 第一节 技术原理

"流水槽+"生态健康养殖技术是指将不同类型的流水槽养鱼设施按一定比例配套在池塘、"稻渔共作"稻田、湖泊等水体的岸边、边角或中间，流水槽养鱼设施高密度圈养鱼类，其他水体降解有害物质，构建小水体集约化养殖和大水体生态净化系统，形成一个绿色养殖、高产高效、生态循环的养殖模式。

"流水槽+"生态健康养殖及尾水治理技术模式，主要分为"流水槽+池塘""流水槽+稻田""流水槽+湖泊""流水槽池塘+稻田"等多种类型。流水槽养鱼尾水进入其他养殖水体中，充分利用大水体中的动物、植物、微生物等分解吸收降解尾水中的有机物、无机盐以及氨氮、亚硝酸盐等物质，能量在不同功能区中的滤食性鱼类、水稻、河蟹、浮游植物以及微生物等之间流动，养殖尾水得到有效净化处理，净化后的水体再进入养鱼设施进行循环使用，取得各种生物互利共生、营养物质循环、尾水综合治理的生产目标，一水两用、一地两收，破解养鱼水体面源污染、尾水直接外排等生态环境污染问题，减少病害发生，提升水产品的品质，提高水资源利用率、土地利用率和土地产出率，提升养殖效益，增加农民收入，取得1+1>2的效果。

此模式在综合养殖上实现"加法"效应，一水两用，一地双收；在面源污染上实现"减法"效应，减肥减药，减工减水；在生态循环上实现"乘法"效应，效益翻番，物质能量循环流动；在尾水治理上实现"除法"效应，氮磷降解，有毒有害物质分解去除，

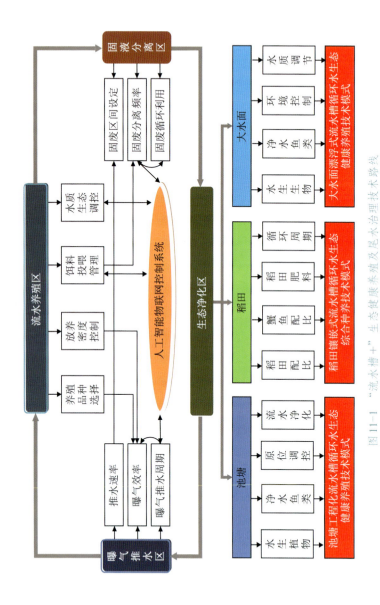

图 11-1 "流水槽+"生态健康养殖及尾水治理技术路线

是一种生态高效、资源节约、效益显著的新型生态种养方式，对降低生产成本、增加收入、减少面源污染、维护生态系统平衡有益，有利于打造一二三产业融合发展新业态。

▶ 第二节　技术路线

流水槽按一定比例配套在池塘、稻田、湖泊等水体中，构建小水体集约化养殖和大水体生态净化系统，流水槽养鱼尾水净化后再进入养鱼设施循环使用，生物互利共生、营养物质循环、尾水综合治理，技术路线见图11-1。

▶ 第三节　模式实景

"流水槽+"生态健康养殖及尾水治理技术模式主要有池塘流水槽、稻田镶嵌流水槽、大水面漂浮式流水槽三种类型，模式实景及建设要求见表11-1。

表11-1　"流水槽+"生态健康养殖及尾水治理主要模式

模式	实景	要求
池塘流水槽循环水生态健康养殖		每10亩以上池塘配套一个标准养鱼流水槽，水槽鱼类养殖区面积占总面积的2%～3%，净水区占总面积的97%～98% 流水槽养殖区前部推水增氧，中部养殖名优鱼类，后部集污吸污集中处理利用 池塘净水区放养滤食性鱼类、种植水生植物、泼洒微生物制剂等净化水质 粪污定时抽取，制成有机肥综合利用

模式	实景	要求
稻田镶嵌流水槽生态循环综合种养		每20亩以上稻田配套建设一个标准的养鱼水槽，分为"集中式"和"分散式" "集中式"：稻田种养单元拐角处将环沟拓宽加深，集中并列建设多个标准流水槽。"分散式"：每个稻田种养单元对角各建设1条标准流水槽 流水槽作为养殖区，前部推水增氧，中部养殖鱼类，后部水体直接进入稻田中 稻田作为净水区，开挖宽5米以上、深1.5米的"宽沟深槽"环沟，四周建设防逃围栏，进排水口建防逃网，种稻养蟹（鱼）综合生产 流水槽排出的粪污进入稻田，稻田中的蟹（鱼）吃食残存饲料和稻田中的水草、水生动物等，水稻分解水体中的有机质、氨氮、亚硝酸盐等，吸收水体中的氮、磷等营养物质，水体得到净化后重复循环使用
大水面漂浮式流水槽生态养殖		每50亩以上湖泊、水库等大水面配套一个养鱼流水槽，水槽漂浮在水面 流水槽作为养殖区，前部推水增氧，中部养殖名优鱼类，后部集污吸污集中处理利用 湖泊等大水面作为净水区，分解养殖水体的有机质、氨氮、亚硝酸盐等，养殖滤食性鱼类、套养肉食性鱼类提高水体效益 粪污定时抽取，制成有机肥综合利用

第四节 技术推广案例

2021年，银川科海生物技术有限公司在推广池塘流水槽工程化养殖和稻渔共作综合种养的过程中，结合养殖基地实际情况，形成了"流水槽池塘＋稻渔共作稻田"生态循环综合种养模式，构建了"池塘流水槽养殖＋稻渔共作＋生态沟"综合种养及尾水治理的生态循环系统，流水槽养殖尾水中的物质经过池塘、稻田、生态沟等多阶段循环，能量在不同功能区中的滤食性鱼类、水稻、河蟹、浮游植物以及微生物等之间流动，解决了养殖尾水直排问题，提升了稻渔综合种养效益，减轻了水产养殖面源污染，为宁夏引黄灌区低洼盐碱地发展综合种养提供了技术支撑。

一、材料方法

（一）基地选择与试验设计

1. 多段复合系统构建。本试验于2021年4—11月在贺兰县进行，基地为银川科海生物技术有限公司养殖基地的盐碱地，总面积12公顷，将标准化流水槽池塘、稻渔共作稻田、生态沟连接，流水槽养殖尾水进入池塘，池塘水体进入稻田，稻田水体进入生态沟，生态沟水体通过水泵进入流水槽，构建了一个"池塘－稻田－生态沟"分段复合生态种养系统，形成了"流水槽池塘＋稻渔共作"生态循环综合种养模式（图11-2）。

2. 流水槽池塘设置。流水槽池塘面积6.6公顷，中间假山面积1.6公顷，水产养殖面积5公顷。6条砼制流水槽并排建在东岸与东西走向的假山之间，每个流水槽长22米、宽5米、高2米，前端配备2.2千瓦推水机，中间底部并排安装4根微孔增氧管，后端配备吸污设备；物联网监控设备将推水、增氧、自启式发电和停电报警设备智能连接；流水槽分别集约化养殖鲤鱼、草鱼和斑点叉尾鮰，

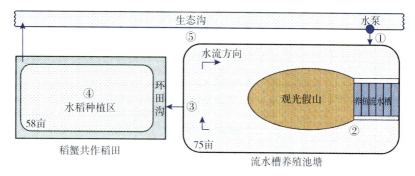

图11-2　流水槽池塘结合稻渔共作稻田尾水治理系统示意

注：图中①②③④⑤为水质采样点。

单个流水槽净产量控制在10 000千克左右。池塘东西走向，水深2米，主要作为外塘净化区，养殖鲢、鳙等滤食性鱼类和少量鲫鱼、鲶鱼等品种，产量控制在500千克左右。

3. 稻渔共作稻田设置。稻田位于池塘的西边，面积3.9公顷，四周制作防逃围栏和进排水口防逃设施。埂边开挖上口宽6米、底宽1米、沟深1.5米的"宽沟深槽"环沟，占比4.5%。稻田进行稻蟹共作生产，4月25日每亩稻田环沟投放辽河水系的扣蟹5千克，规格166只/千克。水稻为宁粳系列的秋优88品种，5月10日机械插秧。养殖过程中保持稻田水深15～20厘米，每天下午投放河蟹商品饲料，投喂量为河蟹体重的1%～3%。9月15日开始捕蟹，集中暂养育肥上市。9月25日机械收获水稻。

4. 生态沟设置。生态沟位于池塘和稻田的北边，长579米，宽10米，深1.5米，面积0.6公顷，种植芦苇、菖蒲等水生植物，主要作为净化、沉淀区域，西边与稻田的出水口相通，东边通过水泵与池塘的流水槽推水区前部相连。

（二）采样测定与研究方法

1. 采样点设置及样本分析。在池塘-稻田-生态沟三者耦合形成的复合系统中设置5个水质采样点，分别标识为①②③④⑤，见

图11-2。在5—10月的整个试验周期中，每月20日定期定点进行水质采样，显微镜观测计数浮游植物种类、数量，实验室仪器测定水温、pH、盐度、溶氧、悬浮物五项物理指标和磷酸盐、氨氮、亚硝酸盐、总碱度四项化学指标。

2. 浮游植物群落结构变化研究。在系统运行过程中，以流水槽、池塘、稻田和生态沟中的浮游植物作为参照物和研究对象，分析不同采样点位和不同时间段的浮游植物群落结构变化规律，探究系统中物质和能量动态迁移特征。

3. 理化指标变化规律研究。基于系统中的物质迁移和能量流动，分析池塘、稻田、生态沟中水体的各种理化指标变化规律，研究系统对养殖尾水中各种物质的净化机制和能力，集成有效处理养殖尾水的调控技术。

二、示范结果分析

（一）优质藻类逐步成为优势种群

复合循环系统运行过程中，流水槽水体中浮游植物的优势种群为绿藻、蓝藻、裸藻；池塘水体中浮游植物的优势种群为绿藻、隐藻、硅藻；稻田水体中浮游植物的优势种群为绿藻、裸藻、硅藻，其中小球藻、鱼腥藻、平裂藻、直链藻等重复出现；生态沟中浮游植物的优势种群为绿藻、裸藻、蓝藻，其中小球藻、螺旋藻等占比明显上升（图11-3）。

浮游植物优势种群数量随时间、水温有明显变化，总体呈现5月最低、6月上升、7月较高、8月达到峰值、9月下降、10月再降的趋势，群落结构变化明显，绿藻、裸藻、小球藻、螺旋藻等优质藻类逐步成为优势种群。

（二）浮游植物监测参数变化明显

各采样点浮游植物的密度总体上呈现7月、8月、9月较大，而

5月、6月、10月较小的规律，5月最小，8月达到最大值；丰富度指数总体上呈现采样中期较高而初期和后期较低的趋势，温度对浮游植物丰富度指数影响较大；多样性指数随采样时间而逐渐增加，数值大部分在2以上（图11-4）。这些结果表明系统中水质较好，生态环境健康，浮游植物群落结构随着系统的运行而逐渐稳定，随着系统的调控而逐渐完善。

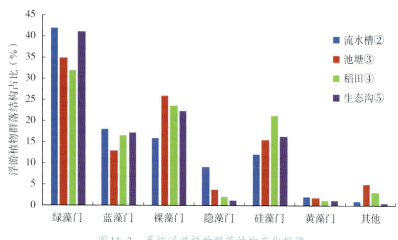

图11-3　系统浮游植物群落结构变化规律

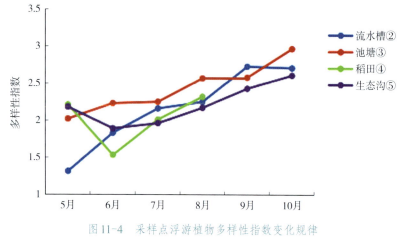

图11-4　采样点浮游植物多样性指数变化规律

（三）水体物理指标有利于健康养殖

由表11-2可以得出，复合循环系统运行过程中，进水和出水的水温在25℃左右，pH在8.6～8.95，盐度在0.6以下，水温、pH、盐度的差异都不显著（$P>0.05$），变化幅度较小，水体平稳；溶解氧差异显著（$P<0.05$），循环后进水的溶解氧明显上升，水体处于高溶氧状态；悬浮物差异极显著（$P<0.01$），循环后进水的悬浮物显著降低，表明水体净化效果明显，鱼病发生率明显下降，有利于水产绿色健康养殖。

表11-2　循环系统水体物理指标变化分析

指标	池塘出水③	稻田中间④	池塘进水①	显著性差异
水温（℃）	24.92 ± 5.74^a	24.56 ± 5.68^a	25.44 ± 7.92^a	$P=0.42>0.05$
pH	8.89 ± 0.03^a	8.6 ± 0.04^a	8.95 ± 0.05^a	$P=0.3>0.05$
盐度	0.54 ± 0.006^a	0.58 ± 0.01^a	0.56 ± 0.015^a	$P=0.36>0.05$
溶解氧（毫克/升）	9.69 ± 5.46^a	5.02 ± 9.93^b	11.31 ± 9.28^c	$P=0.02<0.05$
悬浮物（毫克/升）	$0.06 \pm 0.000\ 4^a$	$0.008 \pm 0.000\ 2^b$	$0.04 \pm 0.000\ 3^c$	$P<0.01$

（四）水体化学指标较好

由表11-3可以得出，在浮游植物和水体循环作用下，复合循环系统中的磷酸盐去除率为17.65%；氨氮去除率为34.78%；亚硝酸盐去除率为62.67%；水体总碱度降低18.24%。监测的四项化学指标全部随时间逐渐下降，呈现为进水＜稻田＜池塘＜流水槽的趋势，表明尾水治理效果比较显著，水产养殖面源污染得到改善。

表 11-3　循环系统水体化学指标变化分析

指标	池塘出水③	稻田中间④	池塘进水①	去除率/降低百分比（%）
磷酸盐（毫克/升）	0.17	0.17	0.14	17.65
氨氮（毫克/升）	0.23	0.16	0.15	34.78
亚硝酸盐（毫克/升）	0.075	0.01	0.028	62.67
总碱度（毫克/升）	330.86	340.13	270.52	18.24

三、技术推广讨论

（一）系统能够有效改善水体富营养化

　　饲料和粪便是系统中氮、磷等元素的主要输入方式，集约化高密度养殖会导致水体中的有机质、悬浮物含量升高，从而引起水体中的氮、磷等元素的增加，当输入量大于水体自净能力后，水体会出现富营养化，浮游植物的种群数量增加。良好水质需要硅藻、隐藻等较多，悬浮物要少；过多的蓝藻会发出腥臭味，其蛋白质分解产生的羟胺、硫化氢等有毒有害物质会威胁鱼类的生长发育。应用此系统后，营养物质在多阶段的循环过程中被不同的生物利用，浮游植物群落结构随着系统的调控而逐渐稳定，微囊藻、甲藻、裸藻等对鱼类有毒害作用的藻类逐步减少，小球藻、螺旋藻等鱼类适口的优质藻类逐步成为优势种群，水体透明度逐步增加，水色也由绿色逐渐转向蓝色和淡黄色，水体富营养化得到治理，净化效果明显，生态系统逐渐优化，有利于水产养殖。

（二）系统能够改善水体生态环境

　　综合种养系统中，pH在8.6～8.9，高于渔业水质标准值的8.5；总碱度270～330毫克/升，高于淡水养殖100毫克/升的上限，这与基地位于低洼盐碱地有直接关系。系统不同功能区中的滤食性鱼类、水稻、河蟹、浮游植物等，对氨态氮降解效果显著，对磷酸盐和总碱度的降解效果明显，对亚硝态氮净化效果一般。应用此系统，能使水体循环流动而净化水质，水体物理指标稳定维持在正常水平，化学指标降低，有毒有害物质减少，养殖尾水和水产养殖面源污染治理效果明显，生态环境得到改善。

（三）系统形成的模式值得推广应用

2021年测产分析，应用"流水槽池塘－稻渔共作稻田－生态沟"综合种养及尾水治理模式，每公顷土地产值达24.0万元，是常规单种水稻的10.6倍，是常规池塘养鱼1.1倍。有研究表明，用鱼池尾水直灌溉稻田可以节约肥料20%，省水节肥，减少鱼病，提高水稻的产量、千粒重、结实率，减少农业化学品的投入，降低对环境的负面影响，保障农民的长期利益，本研究也有相似结论。应用此模式，在综合种养上实现"加法"效应，一水两用，一地双收；在面源污染上实现"减法"效应，减肥减药，减工减水；在生态循环上实现"乘法"效应，效益翻番，物质循环流动；在尾水治理上实现"除法"效应，氮磷降解，有毒有害物质被大量去除。研究证明，该生产模式是一种生态高效、资源节约、效益显著的新型生态种养方式，对降低生产成本、增加收入、减少面源污染、维护生态系统平衡都是有益的，在盐碱地区发展是可行的，能够为渔业绿色健康发展、乡村振兴、黄河流域生态保护提供技术支撑。

第十二章

池塘底排污及尾水治理技术

▶ **第一节　技术原理**

　　池塘底排污及尾水治理是指通过对传统养殖池塘进行升级改造，采用物理和生物净化相结合的方法，在养殖池塘底部修建排污设施，将渔业养殖过程中产生的含有有机物的尾水排出养殖水域，尾水过滤后固液分离，固体物质中的有机肥被农作物、蔬菜或林木利用，水体用于循环养鱼或达标排放，实现尾水中物质资源化利用和能量高效利用。

　　池塘底排污系统主要由底泥集污口、拦鱼栅、排污管道、排污出口、竖井、排污阀门、固液分离池等设备组成。工程构建是在池塘底部的最低处修建一个或多个集污口，集污口上面设置拦鱼栅，池边修建带有插管的排污井，地下排污管道连接集污口和排污井，单个或多个池塘一侧的排污井利用底部的水管连接固液分离池，固液分离池的底部安装沉淀物排放管，上部安装污水排放管。

　　池塘排污时，拔出排污井中的插管，池塘内外水位差产生水压，将池塘底部的污水压到排污井中自主排出；排出的污水进入固液分离池并利用微生物制剂降解，经进一步净化沉淀，固体有机沉淀物作为有机肥用于农作物、蔬菜、花卉等种植，上清液作为农业用水、直接排放或进入人工湿地净化后再进入池塘循环利用，形成一个良性循环系统，达到生态、环保的要求。

　　池塘底排污技术模式具有成本低、效果好、见效快、操作简单、低碳环保、底泥变废为宝等优势，可以和固液分离技术、多级生态处理技术、有机废弃物资源化利用技术等关键技术进行集成。

第二节 技术路线

养殖池塘底部修建排污设施，养鱼产生的尾水排出后进行固液分离，实现尾水中物质资源化利用和能量流动，技术路线见图12-1。

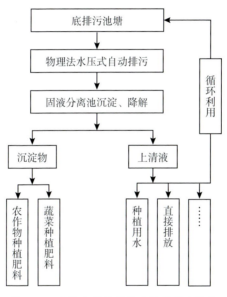

图12-1 池塘底排污及尾水治理技术路线

第三节 系统剖面结构示意

池塘底部建设集污口、拦鱼栅和排污管，池塘边修建排污井、固液分离池、沉淀物排放管、尾水排放管，系统剖面结构示意见图12-2。

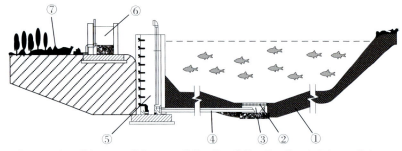

①池塘底部　②拦鱼网　③集污口　④排污管　⑤排污井　⑥固液分离池　⑦农田

图12-2　池塘底排污模式及尾水治理系统剖面结构

第四节　技术推广案例

宁夏从2014年开始推广池塘底排污系统，试验示范底排污技术，已累积示范推广了5万多公顷，经济效益、生态效益和社会效益非常明显。

一、系统组成及构建要点

（一）系统组成

池塘底排污系统的设备设施主要包括：锅底式池塘、拦鱼网、集污口、地下排污管、排污井、固液分离池、农田以及循环利用设施等。

（二）系统构建要求

池塘面积1公顷以上的池塘就可建设底排污系统，池塘底部有1%～2%的锅底形坡度，底排污建设与池塘面积、集污口数量、集污口修建位置等有一定的关系。池塘底排污建设基本要求见表12-1。

表12-1　池塘面积与底排污系统构建关系

池塘面积	集污口数量	池底要求	集污口修建位置
<1公顷	1~3个	锅底形	池底中心最低处1个；沿池塘长边，以最低处排污口为中心，在两边20米处各修建1个
1~2公顷	3~5个	锅底形，十字排污沟	锅底中心最低处1个；在十字排污沟中心集污口左右20米处各修建1个
>2公顷	5~10个	锅底形，平行排污沟	排污沟与池塘长边平行，低处修建多个集污口

（三）集污口修建

干塘后，在池底较低处修建低于塘底40厘米左右的砖混集污口，集污口呈直径100厘米的圆形或边长100厘米的方形，开口四周边沿留宽、深各10厘米的凹槽，用于安装拦鱼网。拦鱼网的网格尺寸以养殖鱼类钻不出为准。集污口半径500厘米范围内用混凝土或土工膜固化，倾斜15°~30°。

（四）排污井修建

排污井建在池坝的内边或外边处，底部与池底持平，高度与池坝面持平，混凝土或砖砌，四周粉刷，规格为1米×1米或以上。排污管出污口数量与集污口数量一致，或合并为一个较大的出污口，出污口的管口高出底部20厘米。用PVC管作为排污阀门，与出污口管紧密结合，长度要高出排污井上口50厘米，方便插拔。排污井底部或侧面建有出水口，出水口与固液分离池连通。

（五）排污管铺设

排污管一般采用直径160~200厘米的PVC管，将集污口与出污口连通，并有1%左右的坡度。管道掩埋在塘底下面，接口用弯头连接。

（六）固液分离池建设

固液分离池设置在排污井边上，规格根据养殖基地具体情况确定。上清液出口与池塘、农田或湿地相连。

二、技术管理要点

（一）池塘基本要求

宁夏地区养殖池塘面积大小不一，以3.3公顷的高产高效养殖池塘为主，一般在春季4月适时修建、维护池塘底排污系统。池塘配备水产养殖物联网水质智能监控系统、增氧机、投饵机等先进渔业生产设备。引黄灌区沙土、白僵土的池边一般用砾石、土工膜或防渗膜等进行护坡。

（二）养殖管理

建设了底排污系统的池塘重点推广集约化高产高效健康养殖模式，养殖品种以高产的名优品种为主。鱼种下塘后逐渐加注新水，20天内加水至池塘最深水位。饲料每天采取定质、定量、定时、定位的"四定"方式投喂。养殖过程中，采用微孔增氧机、叶轮式增氧机、水车式增氧机、涌浪机等进行立体增氧，利用水产养殖物联网水质智能监控系统对溶氧、氨氮、pH等水质参数进行24小时实时监控管理，采取池塘鱼菜共生进行氮、磷、钾及有机质降解。

（三）排污管理

在养殖周期内，正常情况每15天开启排污阀排污一次，6、7、8月每7～10天排污一次。排污时，拔起排污井中的排污门阀（插管），利用池塘内外水压差将污水及底泥高速排出，使之进入固液分离池，每次排污时间控制在3～5分钟，当排水颜色变浅和臭味变淡时，插上排污门筏自动停止排污。老旧池塘每次的排污时间可以适当延长。

（四）污水降解净化

进入固液分离池中的污水会自然沉降，泼洒光合细菌、芽孢杆菌、乳酸菌等微生物制剂，降解污水中的粪便、残饵、残体及有机碎屑等。底层固体物作为农作物、瓜果、蔬菜的有机肥，上清液用来浇灌经济植物、排入池塘循环利用或直接排放。

三、技术推广讨论

（一）能够有效降解内源性污染物

宁夏引黄灌区一般都采取高密度、高投饵的方式进行集约化养殖，大宗水产品每公顷产量在15 000千克以上，每公顷饲料投喂量在30 000千克左右，饲料的70%被鱼类消化吸收利用，30%被排到池塘中。建设底排污系统后，能够及时将粪便、残饵等各种淤积物排出，大幅度降低池塘内源性污染物释放的氨氮、亚硝酸盐、硫化物等，减少池塘水质恶化、水体富营养化、鱼病多发频发、饲料转化率低等问题，保障水产品质量安全，实现节能减排、低碳高效和养殖水体良性循环，是促进渔业转方式调结构、实现渔业转型升级的技术模式之一。

（二）能够实现自动流水排污

宁夏引黄灌区土壤以沙土和白僵土为主，池塘大部分没有进行护坡，每年池塘淤泥厚度可达30厘米左右，高产池塘每年要进行清淤改造，否则病害多发，生产成本增加。池塘底排污技术将电动抽污和机械挖塘转变为物理水压式自动流水排污，可将50%～80%的粪便、残饵等沉积物自主排出，达到自动清淤的目的，干塘清淤时间由1～2年延长为3～5年，节约清淤能耗和劳动力成本约80%。

（三）能够节约劳动成本

通威集团宁夏养殖基地的200公顷池塘全部建设了池塘底排污系统，经过4年的调查分析，池塘底排污系统建设（改造）成本为每公顷1 500～3 000元，可一次性投入而多年受益，并且操作简单、使用便捷、管理技术容易掌握。应用底排污技术后，养殖过程中的清淤成本、水电成本、药物成本、饲料成本、折旧成本等降低10%～15%，实现了节本增收。

（四）应用范围广阔

经过多年的示范，底排污技术由池塘养殖向温棚养殖、工厂化养殖、集装箱养殖辐射，高产高效养殖池塘、南美白对虾设施温棚、工厂化繁育基地等采取底排污技术，能够将水体中的沉积物及时排出，水产养殖内源性污染得到了有效控制，改善了养殖水体的水质，用水量节约20%～50%，渔药费用降低30%左右。

（五）能够实现节能环保

建设养殖池塘底排污系统，应用养殖池塘底排污技术，能够为鱼类创造良好的生活环境，饲料转化利用率提高3%～5%，饵料系数从1.5～1.8降低到1.4～1.6，鱼类的品质和产量得到了提升，保障了水产品质量安全，是发展节能环保渔业的重要方式。

第十三章

工厂化（温室、温棚）循环水处理技术

第一节 技术原理

工厂化循环水处理技术是指在温室、温棚等高密度集约化养殖过程中，采取工程、生物以及信息控制、智能管理等现代化技术，通过沉淀过滤、泡沫分离、分解净化、杀菌消毒、脱气增氧等方法，人工控制养殖过程主要环境因子，将水产养殖尾水中的有害固体物、悬浮物、可溶性物质以及各种有害气体等从水体中移出或转化为无害物质，并补充溶解氧，从而为养殖品种的健康生长创造良好的环境条件。这种技术使养殖尾水得以循环利用，实现高密度养殖或全年、反季节生产。

工厂化养殖尾水处理工艺主要有有机物自然沉淀、固液微滤分离、生物分解净化、机械/化学增氧、水源热泵调温、紫外线杀菌、臭氧消毒等物理、化学、生物方法，经过处理的尾水分为高浓度有机物和净化后的养殖水。10%的高浓度有机物用于农业生产，提高营养物质循环利用水平；90%的净化尾水循环再养鱼，减少养殖尾水的排放，节约水资源。

工厂化循环水养殖模式具有占地面积少、养殖密度高、节水节能、高效的特点，具有养殖尾水可循环利用或达标排放、减少面源环境污染的优势，具有养殖生产环节可控、信息化智能管理的优越性。同时，也具有建设投资大、运行费用高、养殖技术要求高、生产管理规范严谨等特点。

第二节　技术路线

养鱼温室、温棚采取工程、生物以及智能管理方法，人工控制养殖过程中的主要环境因子，为养殖品种创造良好环境，实现高密度养殖或全年、反季节生产，技术路线见图13-1。

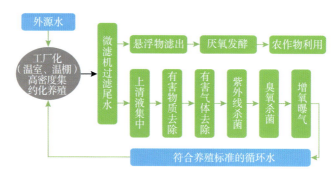

图13-1　工厂化（温室、温棚）循环水处理技术路线

第三节　模式示意

温室、温棚内建设沉淀、固液微滤、生物分解、增氧、调温、杀菌消毒等设备，养殖尾水循环再利用，模式示意见图13-2。

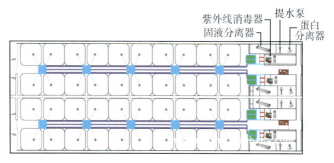

图13-2　工厂化（温室、温棚）循环水处理模式示意

第四节　模式实景

　　工厂化循环水处理技术能够解决北方地区温差大、生长期短的问题，做到渔业生产春提早、秋延后或全年生产，提高养殖效益，实景见图13-3和图13-4。

图13-3　工厂化温室循环水处理模式实景（紫外线、臭氧杀菌）

图13-4　工厂化温室循环水处理模式实景（微生物分解有机物）

第五节　技术推广案例

针对西北地区年平均气温低、养殖周期短的特点，利用温棚池塘、工厂化养殖车间等设施进行"棚塘接力"养殖及尾水治理，实现大规格鱼种培育并提高成活率。每年4—5月外塘水温升高后，将大规格苗种放入室外池塘养殖，充分利用本地光热资源，缩短养殖周期，提升名优水产品苗种的本地化供应能力，优化水产养殖结构，构建鱼类精准养殖模式，加速渔业转型升级，提高养殖效益，保障优质水产品供应。

一、养殖生产过程

基于西北地区温差大、生长期短的气候特征，集成设施化名优品种提早培育大规格鱼种技术，开展工厂化设施养殖与室外池塘结合的接力养殖模式示范，充分利用设施温棚提早培育名优品种大规格苗种，加大池塘养殖投苗规格，缩短养殖周期，使养殖对象在当年销售价格处于高位阶段时达到上市规格，实现养殖效益最大化。

（一）工厂化设施基本条件

1. 工厂化温棚池塘。利用本地的光热条件在池塘上建设温棚设施。温棚结构通常有两种：（1）钢架温棚池塘。这种温棚池塘通常面积较小，每口池塘面积从十几平方米到几百平方米，有水泥池和土池两种，温棚两侧下方设置活动通风口，池塘设进水口和排污口，有效蓄水深度1.2米左右，每口池塘配备1.5千瓦增氧机2台及曝气增氧管。一些较小的池塘配备辅助加热、增氧及循环水设备。（2）钢丝棚池塘。这种池塘面积较大，从几亩到十几亩，配有相应的增氧设施设备。

2. 工厂化温室车间。即工厂化循环水温室养殖车间，配有养殖池、微滤池、生化过滤池及相应的增氧、过滤、消毒杀菌、加温等设备。

（二）养殖池塘基本条件

通常池塘5～20亩，水量充足，水深1.5～2.5米，每亩配备功率1.5千瓦的增氧设备。鱼苗放养前用生石灰（兑水）全池泼洒消毒，pH 8～9。养殖用水通常选择黄河水、稻田退水、井水等达到养殖用水标准的水源。

（三）养殖对象选择与放养密度

主要选择一些市场价格较高的名优养殖品种，大口黑鲈鱼种的放养密度通常为每亩3 000～5 000尾，南美白对虾淡化后的放养密度为每亩2万～5万尾。

（四）饲料投喂

选择优质人工配合饲料，幼苗投喂驯化在温棚内进行，水温控制在22℃以上，水中溶解氧在5毫克/升以上，采用全价配合饲料投喂，开始阶段每天投喂4～6次苗种前期料，以后随鱼体慢慢长大可适时调整饵料粒径，每天投喂3次。

（五）病害防治

养殖过程中做好病害防控工作，坚持"预防为主、治疗为辅"的原则。定期做好池塘卫生清洁、渔具消毒等工作，避免鱼病暴发。

（六）日常管理

每日做好溶解氧、氨氮、亚硝酸盐等指标的检测记录。根据养殖水体状况，定期或不定期向养殖水体中补充所需的营养物质及微生态制剂，以确保养殖水体稳定向好。坚持每天早、中、晚巡塘，重点检查生产设施、设备是否正常运行，观察池塘水质变化和养殖对象摄食情况，如发现异常，应及时采取应急措施，并做好记录。

二、推广成效

2020—2022年，宁夏泰嘉渔业科技公司开展了大口黑鲈棚塘接力养殖，通过近两年的技术研究与标准化养殖，已熟悉掌握大口黑鲈棚塘接力养殖技术。

1月引进4～5厘米苗种，经过4个月的温棚培育，出塘大规格苗种平均达100～150克/尾，温棚池塘养殖每亩平均产量1 500～2 000千克，成活率达到70%以上。

5月中下旬将鱼种放入外塘养殖，8月下旬陆续上市，每亩池塘平均产量达1 000千克。此时正值高温，鱼价最高，平均销售价格在44元/千克以上，在这个季节（8—9月）养殖出售，使外塘平均养殖效益提高了30%以上。

在盐碱地区开挖鱼塘，使鱼塘周围土壤盐分融入鱼塘中再排出，降低了盐碱土壤的盐碱度。同时，养殖尾水中的有机质可以通过循环利用排入农田中，实现生态修复。

三、经验启示

针对西北地区温差大、养殖周期长的问题，充分利用本地光热资源，采用节能温棚，精准计划季节、时间节点，提早培育市场前景较好的名优水产大规格苗种，适时转入外塘养殖，为池塘、湖塘养殖提供大规格的优质苗种，提高了成活率，缩短了养殖周期，增加了养殖效益，提升了西北渔业养殖技术与设施水平，为西北地区渔业转型升级奠定了基础。

第三部分

水生动物疾病防控篇

第十四章

主要养殖水生动物疾病防控

▶ ### 第一节　鱼类常见疾病及防控措施

一、锦鲤疱疹病毒病

（一）病原及流行病学特征

本病由锦鲤疱疹病毒（KHV）引起，该病毒隶属异样疱疹病毒科、鲤疱疹病毒属，主要感染鲤、锦鲤等鱼类。发病季节以春季和秋季为主，主要通过病鱼、污染水源等进行水平传播。水温18～28℃易感，23～28℃属于发病高峰期。

（二）临床症状

病鱼表现为无方向性游动，呼吸困难，食欲下降。濒死鱼游动缓慢，或在水中呈头上尾下状漂浮。体色变黑（图14-1），体表黏液增多，常伴有充血或出血。眼球凹陷，鳃丝呈白色，肛门充血红肿。头部凹凸不平。解剖可见脾脏和肾脏肿大。

（三）防控措施

预防：严格执行检疫制度，对苗种场、良种场实施防疫条件审核、苗种生产许可管理制度，保证水源以及引入的鱼卵、鱼苗和鱼种不带病毒。日常管理应按时进行设施消毒，保持水质稳定，使用优质配合饲料，适时投喂免疫调节剂，提高鱼体免疫力。

图14-1　锦鲤疱疹病毒病（林萍供图）

（两侧为正常鱼；中间病鱼的体色变黑，眼球凹陷，头部凹凸不平）

治疗：本病目前尚无有效治疗药物，确认感染后应当立即隔离病鱼，进行扑杀和无害化处理。对相关养殖设施、工具和环境彻底消毒，限制周边易感群体和相关动物产品出入流通。

二、草鱼出血病

（一）病原及流行病学特征

本病由草鱼呼肠孤病毒（GCRV）引起，该病毒隶属呼肠孤病毒科、水生呼肠孤病毒属，主要感染草鱼、鲢、鳙等鱼类，尤其以体长2.5～15厘米的草鱼鱼种易感。发病季节以夏季为主，主要通过生殖进行垂直传播，或通过鱼体机械性损伤进行水平传播。水温20～30℃易感，27℃左右属于发病高峰期。感染后死亡率一般在30%～50%，最高可达70%～80%。

（二）临床症状

病鱼表现为体表发黑，反应迟钝，食欲下降，眼球突出。根据临床症状可分为"红肌肉""红鳍红鳃盖""肠炎"三种类型。

红鳍红鳃盖型：病鱼体色发黑，口腔、上下颌、头顶部、眼眶周围、鳃盖有出血点，鳍条基部充血或出血。

红肌肉型：病鱼外表出血不明显，但剥去表皮可见肌肉呈点状出血，甚至全身肌肉出血而呈鲜红色（图14-2）。同时鳃丝呈白色，解剖见肝、脾、肾的颜色变浅。

图14-2　草鱼出血病（红肌肉型）
（病鱼的肌肉出血，呈鲜红色）

肠炎型：病鱼外表及肌肉症状不明显，但肠壁充血或出血，全肠或局部呈鲜红色，肠壁弹性较好，肠内无食物，黏液较少。

（三）防控措施

预防：主要通过以下措施进行预防，一是引入检疫合格苗种；二是注射商品化疫苗；三是保持水质稳定；四是使用优质配合饲料，加强投喂管理；五是定期投喂免疫调节剂，提高鱼体抗病力；六是对水源、养殖设施、引入苗种进行严格消毒，降低感染率。

治疗：本病目前尚无有效治疗药物，确认感染后应当立即隔离病鱼，进行扑杀和无害化处理，对相关养殖设施、工具和环境彻底消毒，限制周边易感动物和相关动物产品及有关物品出入流通。

三、细菌性败血症

（一）病原及流行病学特征

本病由嗜水气单胞菌、温和气单胞菌等多种细菌引起，这些细菌均隶属变形菌门、气单胞菌目、气单胞菌科、气单胞菌属，主要感染鲤、鲫、鲢、鳙等淡水鱼类，以2龄成鱼为主。发病季节以夏季为主，主要通过病鱼、病菌污染饵料及水源等进行水平传播。水温9～36℃易感，25～30℃属于发病高峰期。严重时发病率高达100%，死亡率可达90%以上。

（二）临床症状

病鱼表现为游动缓慢，体表严重充血、出血，以腹部和头部出血最为严重（图14-3）。眼球突出，眼眶周围、上下颌、口腔、鳃盖、鳍基部及鱼体两侧充血。肛门红肿，腹部膨大。解剖后可见腹腔有大量清澈或带血腹水，脏器充血肿大，鳃、肝、肾颜色较淡，呈花斑状。肝、脾、肾、胆囊肿大，脾呈紫黑色。肠系膜、肠壁充血，无食物。部分病鱼可出现鳞片竖立，肌肉、鱼鳔充血症状。

图14-3　细菌性败血症
（病鱼的头部、鳍基部充血，眼球突出）

（三）防控措施

预防： 可通过引入检疫合格苗种、注射商品化疫苗、保持水质稳定、投喂优质配合饲料、定期投喂免疫调节剂提高鱼体抗病力以及对水源、养殖设施、引入苗种进行严格消毒等措施降低感染率。

治疗： 确认感染后，应当立即隔离病鱼，进行扑杀和无害化处理，对相关养殖设施、工具和环境彻底消毒。

四、小瓜虫病

（一）病原及流行病学特征

本病由多子小瓜虫（图14-4）引起，该病原隶属原生动物门、纤毛虫纲、膜口目、凹口科、小瓜虫属，主要感染大部分淡水鱼类。全年均可发病，发病季节以春季为主，主要通过病鱼、污染水源等进行水平传播。水温15～25℃属于流行高峰期，尤其以鱼苗易感。虫体在表皮和鳃的寄生导致鱼窒息、代谢紊乱和伤口继发感染而死亡，严重时死亡率高达80%以上。

（二）临床症状

病鱼反应迟钝，漂浮于水面，不时在其他物体上摩擦，不久成群死亡。体表和鳃瓣上布满肉眼可见的白色点状虫体和包囊，严重时鱼体浑身可见小白点，故该病又名"白点病"。头部、躯干和鳍条处黏液明显增多，与虫体混在一起，似有一层白色薄膜。鳞片脱落，鳍条裂开、腐烂。鳃上有大量寄生虫，鳃小片被破坏，鳃上皮增生或部分贫血。

（三）防控措施

预防： 引入检疫合格的苗种，对水源、养殖设施、鱼种和饲料进行严格消毒，在进水口安装过滤膜防止野生鱼类进入养殖系统，

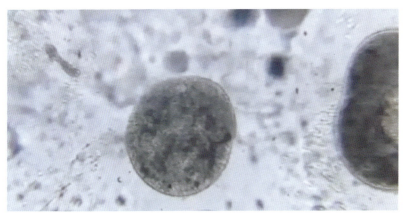

图14-4　小瓜虫
（显微镜下可见病鱼体表有圆形虫体）

使用优质配合饲料，适时投喂免疫调节剂，提高鱼体免疫力，可有效降低感染率。

治疗：发病后，可将水温提高至28℃以上使虫体脱落死亡，或采取加快水体流速、紫外线照射、给鱼喂中草药进行治疗。

五、指环虫病

（一）病原及流行病学特征

本病由指环虫（图14-5）引起，该病原隶属扁形动物门、吸虫纲、指环虫属，主要感染草鱼、鲢、鳙等淡水鱼类。发病季节以春季和夏季为主，主要通过病鱼、污染水源等进行水平传播。水温15～28℃易感，20～25℃属于发病高峰期。虫体大量寄生可致鱼苗、鱼种大批死亡。

（二）临床症状

指环虫少量寄生时，鱼无明显症状。大量寄生时，病鱼游动缓慢，体色发黑，鳃盖翻开、呼吸困难，鳃部黏液增多，鳃组织损伤，鳃丝肿胀贫血，部分呈苍白色，有斑点状淤血，呈花鳃状。

图14-5 指环虫

（显微镜下，病鱼的鳃部可见指环虫虫体及其四个眼点）

（三）防控措施

预防：引入检疫合格的苗种，对水源、养殖设施、鱼种和饲料进行严格消毒，在进水口安装过滤膜防止野生鱼类进入养殖系统，使用优质配合饲料，适时投喂免疫调节剂，提高鱼体免疫力，可有效降低感染率。

治疗：可按说明书推荐剂量使用菊酯类杀虫药物进行治疗。

六、细菌性烂鳃病

（一）病原及流行病学特征

本病由柱状黄杆菌引起，该病原隶属拟杆菌门、黄杆菌纲、黄杆菌目、黄杆菌科、黄杆菌属，主要感染草鱼、鲤等多种鱼类。发病季节以夏季为主，主要通过鱼体机械性损伤进行水平传播。水温15～30℃易感，水温趋高易暴发流行，致死时间也更短。

（二）临床症状

病鱼游动缓慢，体色变黑。鳃丝肿胀、糜烂带有污泥，鳃丝末端严重腐烂（图14-6），呈"刷把样"。鳃盖骨内表皮充血，随着病程发展，鳃盖内表皮腐烂加剧，甚至腐蚀形成不规则透明小区，俗称"开天窗"。

图14-6　细菌性烂鳃病

（病鱼的鳃丝末端严重腐烂）

（三）防控措施

预防：彻底清塘消毒。引入检疫合格的苗种，对水源、养殖设施、鱼种和饲料进行严格消毒。鱼种放养前使用漂白粉或高锰酸钾浸泡消毒，可有效降低感染率。

治疗：可按说明书推荐剂量使用氟苯尼考拌饵投喂进行治疗。

七、细菌性肠炎病

（一）病原及流行病学特征

本病由肠型点状产气单胞菌引起，该病原隶属变形菌门、气单胞菌目、气单胞菌科、产气单胞菌属，主要感染草鱼、鲤等多种鱼类的鱼种及成鱼。发病季节以夏季为主，主要通过病鱼的粪便或污染的水源、饲料进行水平传播。水温18℃以上时易感，25～30℃属于发病高峰期。一般死亡率在50%左右，发病严重时死亡率可达90%以上。

（二）临床症状

病鱼离群独游，游动缓慢，体色发黑。肛门严重红肿外突，呈紫红色，轻压腹部有黄色黏液或血脓从肛门处流出。解剖可见腹腔内有带血或清亮腹水，肠道充血、出血（图14-7）。

图14-7　细菌性肠炎病
（病鱼的肠道充血、出血）

（三）防控措施

预防：彻底清塘消毒，保持水质清洁。不投喂变质饲料。在饲料中添加胆汁酸以增强鱼类免疫力，保护鱼类肝胆健康，可有效降低感染率。

治疗：可按说明书剂量使用磺胺类药物进行拌饵投喂，或使用大蒜素、穿心莲进行拌饵投喂。

八、诺卡氏菌病

（一）病原及流行病学特征

本病由星状诺卡氏菌引起，该病原隶属厚壁菌门、放线菌纲、放线菌目、诺卡氏菌科、诺卡氏菌属，主要感染大口黑鲈、乌鳢等鱼类。发病季节以夏季为主，主要通过病鱼以及污染的水源、饲料等进行水平传播。水温15～32℃易感，25～28℃属于发病高峰期。

（二）临床症状

病鱼鳃部、嘴部形成白色结节，部分病鱼躯干部皮下脂肪组织、肌肉及脏器产生白色结节（图14-8）。躯干部及尾部体表皮肤溃疡，解剖可见白色液体流出。

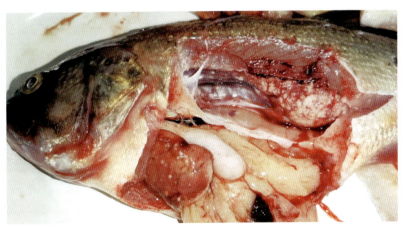

图14-8　诺卡氏菌病
（病鱼的脏器产生白色结节）

（三）防控措施

预防： 引入检疫合格的苗种，对水源、养殖设施、鱼种和饲料进行严格消毒，在饲料中添加胆汁酸以增强鱼类免疫力，保护鱼类肝胆健康。加强养殖区域日常管理，避免鱼体受伤及不同养殖区域工具混用，可有效降低感染率。一旦发病要对发病区域进行彻底消毒。

治疗： 发病后应适当减小投喂量，在饲料中添加保肝护胆的药物，促进鱼体排毒解毒。同时内服氟苯尼考，搭配三黄散等清热解毒中草药，进行拌料投喂治疗。

九、赤皮病

（一）病原及流行病学特征

本病由荧光假单胞菌引起，病原隶属变形菌门、γ变形菌纲、假单胞菌目、假单胞菌科，主要感染草鱼、鲤等淡水鱼类。发病季节以夏季为主，主要通过病鱼以及污染水源、饲料等进行水平传播。水温4～35℃易感，25～30℃属于发病高峰期。

（二）临床症状

病鱼体表局部或大面积出血发炎，鳞片松动、脱落（图14-9），行动缓慢，反应迟钝，离群独游于水面。鳍部可见充血出血，尾鳍部溃烂，形成"蛀鳍"。上下颌及鳃盖部分充血，呈块状红斑，部分病鱼鳃盖出现溃烂，呈小圆窗状。

图14-9　赤皮病

（病鱼的体表局部出血发炎，鳞片松动、脱落）

（三）防控措施

预防：引入检疫合格的苗种，对水源、养殖设施、鱼种和饲料进行严格消毒，使用优质配合饲料，适时投喂免疫调节剂，提高鱼体免疫力。加强养殖区域日常管理，避免鱼体受伤及不同养殖区域工具混用，可有效降低感染率。

治疗：可使用消毒剂全池泼洒，并用氟苯尼考或甲砜霉素拌料投喂治疗。

十、水霉病

（一）病原及流行病学特征

本病由真菌门、水霉目、水霉科的许多种类寄生而引起。主要感染大部分淡水鱼类，发病季节以冬季和春季为主，主要通过病鱼以及污染水源、饲料等进行水平传播。水温10～18℃易感，3—4月属于发病高峰期。

（二）临床症状

病鱼焦躁不安，主动与其他物体摩擦，霉菌在伤口处侵入鱼体且向外长出菌丝，呈灰白色棉絮状（图14-10），故俗称"生毛病"。体表可见分泌的大量黏液，随着病程发展，表皮出现炎症和坏死。病鱼行动迟缓，食欲不振，最终死亡。在鱼卵孵化过程中，经常发生此病。显微镜下检查时，可观察到菌丝及孢子囊等。

（三）防控措施

预防：非生产季节应进行清塘，除去过多淤泥，对养殖区域和工具彻底消毒。鱼种放养前，使用食盐水进行浸泡消毒，同时加强养殖区域日常管理，避免鱼体受伤及不同养殖区域工具混用，可有效降低感染率。

图14-10　水霉病

（病鱼体表出现棉絮状菌丝）

治疗：可使用含碘消毒剂浸泡病鱼，配合内服抗菌药物，防止继发细菌感染。

十一、车轮虫病

（一）病原及流行病学特征

本病由车轮虫引起，车轮虫隶属原生动物门、寡膜纲、缘毛虫目、车轮虫科、车轮虫属，主要感染大部分淡水鱼类，在皮肤、鳃、鳍上寄生。发病季节以夏季为主，主要通过病鱼、污染水源等直接与皮肤接触感染。水温20～28℃易感。

（二）临床症状

病鱼体色发黑，离群独游，鱼体消瘦，呼吸困难。局部组织发炎，体表分泌大量黏液，虫体密集处（如鳍部、头部、体表）出现一层白翳。鱼苗感染后可出现"白头白嘴"或"跑马"（环游不止）症状。显微镜下检查时，可见车轮虫在鱼体表面来回滑动（图14-11）。

（三）防控措施

预防：引入检疫合格的苗种，对水源、养殖设施、鱼种和饲料

图 14-11　车轮虫

（显微镜下可见病鱼体表有车轮状虫体）

进行严格消毒，同时加强养殖区域日常管理，避免不同养殖区域工具混用，可有效降低感染率。

治疗：可使用硫酸铜与硫酸亚铁合剂溶液进行全池泼洒，或使用五倍子等中草药提取物泼洒治疗。

十二、锚头鳋病

（一）病原及流行病学特征

本病由锚头鳋引起，锚头鳋隶属节肢动物门、颚足纲、剑水蚤目、锚头鳋科、锚头鳋属，主要感染大部分淡水鱼类，虫体寄生在鱼的鳃、皮肤、鳍、口腔、头部等处。发病季节以夏季和秋季为主，主要通过病鱼、污染水源等进行水平传播。水温 12～33℃ 易感，20～25℃ 属于发病高峰期。

（二）临床症状

病鱼焦躁不安、食欲下降、消瘦。肉眼可见虫体寄生在鱼体各个部位，呈白线头状（图14-12），形如鱼体上插入的小针。寄生处会出现不规整的深孔，虫的头部钻入鱼体肌肉中，靠近伤口的鳞片被锚头鳋分泌物溶解腐蚀而出现不规则缺口。

图 14-12 锚头鳋病
（病鱼的体表可见白线头状虫体）

（三）防控措施

预防：彻底清塘消毒，引入检疫合格的苗种，对水源、养殖设施、鱼种和饲料进行严格消毒，鱼种放养前使用高锰酸钾溶液浸洗，可有效降低感染率。

治疗：可按说明书使用晶体敌百虫全池泼洒，或用高锰酸钾溶液浸泡病鱼进行治疗。

第二节　甲壳类常见病害防控

一、白斑综合征

（一）病原及流行病学特征

本病由白斑综合征病毒（WSSV）引起，该病毒隶属线头病毒科、白斑病毒属，主要感染南美白对虾、中国对虾、日本对虾和克氏原螯虾等。发病季节以夏季为主，主要通过病虾以及污染水源、饲料等进行水平传播。水温20～30℃易感。

（二）临床症状

病虾行动迟缓或异常，摄食量快速下降，弹跳无力，迅速死亡。虾体颜色呈淡红色或粉红色，头胸甲上出现白色斑点（图14-13），严重者白色斑点相互连接成片状，少部分病虾仅有少量或几乎没有白斑。

图14-13　白斑综合征
（病虾的头胸甲上出现白色斑点）

（三）防控措施

预防： 严格执行检疫制度，对苗种场、良种场实施防疫条件审核、苗种生产许可管理制度，保证水源、引入虾苗和虾种不带病毒。引入检疫合格和无特定病原的苗种。日常饲养管理中应按时进行水源、设施、饲料等的消毒工作，避免虾蟹类近缘种类混养和大排大灌换水，保持水质稳定，使用优质配合饲料。发病季节，在饲料中定期添加免疫多糖、维生素等，增强虾体免疫力，可有效降低感染率。

治疗： 本病目前尚无有效治疗药物，确认感染后应当立即隔离病虾，进行扑杀和无害化处理，对相关养殖设施、工具和环境彻底消毒。

二、虾肝肠胞虫病

（一）病原及流行病学特征

本病由虾肝肠胞虫（EHP）引起，该病原隶属真菌界、微孢子门、单倍期纲、壶突目、肠胞虫科、肠胞虫属，主要感染南美白对虾、斑节对虾、罗氏沼虾等虾类，发病季节以夏季和秋季为主，主要通过生殖进行垂直传播，或通过病虾、污染水源等进行水平传播。水温24～31℃易感。

（二）临床症状

病虾病毒感染量较低时，无明显临床症状或生长性状变化。感染量较高时，病虾生长迟缓，个体消瘦，体重比同体长未感染个体低30%左右。严重时，解剖可见肝胰脏颜色加深、萎缩，病虾出现"白便"现象。出现养殖对象生长明显迟缓的养殖场阳性率可达90%以上，正常个体与患病个体体长差异最大可达200%，体重差异可达300%（图14-14）。

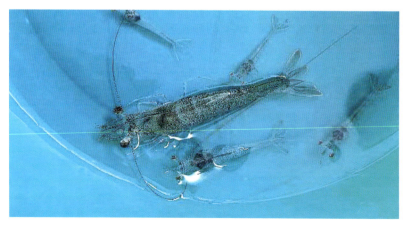

图14-14　虾肝肠胞虫病
（病虾个体大小不一，体重存在明显差异）

（三）防控措施

预防：主要通过以下措施进行预防。一是引入检疫合格、无特定病原的苗种；二是对水源、养殖设施、引进苗种和饲料等进行严格消毒；三是将引入虾苗隔离15～30天后再养殖；四是投喂优质配合饲料和益生菌；五是通过"虾厕"等方式使饲料和虾粪分离，可有效降低感染率。

治疗：本病目前尚无有效治疗药物，确认感染后应当立即隔离病虾，进行扑杀和无害化处理，对相关养殖设施、工具和环境彻底消毒。

三、桃拉综合征

（一）病原及流行病学特征

本病由桃拉综合征病毒（TSV）引起，该病毒隶属双顺反子病毒科、急麻病毒属，主要感染南美白对虾、斑节对虾等虾类。发病季节以夏季为主，主要通过水体、同类残食、鸟类和划蝽类水生昆虫进行水平传播。主要感染14～40日龄、体重0.05～5克的仔虾，病虾可终生带毒。

（二）临床症状

可分为急性期、过渡（恢复）期和慢性期。

急性期：病虾漂浮于水面或池塘边，全身呈浅红色，尾扇和游泳足呈鲜红色，游泳足或尾足边缘处上皮呈灶性坏死。

过渡期：病程较短，仅为几天，少量或中等数量的病虾角质上皮多处出现不规则黑化斑（图14-15），这些病虾可能出现表皮变软及虾红素增多症状，行为及摄食正常。

慢性期：一般无明显临床症状，但对正常的环境应激（如突然降低盐度）明显不如未染疫虾，有的成为终生带毒者。

图 14-15　桃拉综合征

（病虾的角质上皮出现不规则黑斑）

（三）防控措施

预防：引入检疫合格、无特定病原的苗种。严格执行检疫制度，对苗种场、良种场实施防疫条件审核、苗种生产许可管理制度，保证水源、引入虾苗和虾种不带病毒。发病季节，避免大排大灌换水，保持水质稳定，在饲料中添加免疫多糖、维生素等，增强虾体免疫力，可有效降低感染率。

治疗：本病目前暂无疫苗或针对性药物可以治疗，根本措施是强化饲养管理，进行全面综合预防。一旦发病，应当对相关养殖设施、工具和环境彻底消毒。

四、河蟹螺原体病

（一）病原及流行病学特征

本病由中华绒螯蟹螺原体引起，该病原隶属柔膜体纲、虫原体目、螺原体科、螺原体属，主要感染中华绒螯蟹，也能感染青虾、罗氏沼虾等。发病季节以夏季为主，主要通过病蟹、污染水源等进行水平传播。水温20～30℃易感，19～28℃时是发病高峰期。病原通过鳃或体表（特别是蜕壳期）进入蟹虾体内。

（二）临床症状

病蟹活力下降，行动迟缓，食欲下降，出现爬边、挂网等现象。体表外观无明显变化，但无力、不能翻身。发病期蟹的螯足握力不强，附肢不规则抖动，故此病又称"颤抖病""环爪病"。解剖病蟹可见鳃丝排列不整齐，呈棕黑色（图14-16），血淋巴稀薄、凝固缓慢或不凝固。

图14-16　河蟹螺原体病
（病蟹的鳃丝排列不整齐，呈棕黑色）

（三）防控措施

预防：严格执行检疫制度，对苗种场、良种场实施防疫条件审核、苗种生产许可管理制度，保证水源、引入蟹苗和蟹种不带螺原体。弃去运输过程中损伤的蟹苗，投喂洁净优质饲料，保持养殖水环境稳定，可有效降低感染率。

治疗：本病目前暂无针对性药物可以治疗，主要措施是强化饲养管理，进行全面综合预防，避免本病发生和流行。另外，发病时应适当减少投喂量，减轻病蟹肝脏负担，能够一定程度降低死亡率。

第十五章

水生动物检疫

▶ 第一节　水产苗种产地检疫工作流程

　　水产苗种产地检疫是从源头防控水生动物疫情、保障渔业健康稳定发展、提高水产品质量安全水平的重要举措。开展水产苗种产地检疫工作要坚持依法行政、依法履职，认真执行《中华人民共和国动物防疫法》《动物检疫管理办法》《宁夏回族自治区动物防疫条例》等法律法规，完善水产苗种产地检疫相关制度，建立规范化、可操作的检疫操作规程，加强渔业官方兽医队伍和防疫队伍建设，充实防疫检疫设施设备和技术力量，提高疫病检测能力，不断提升水产苗种产地检疫工作水平，为水生生物安全、水产品质量安全提供有力保障，促进渔业高质量发展。水产苗种产地检疫工作流程见图15-1。

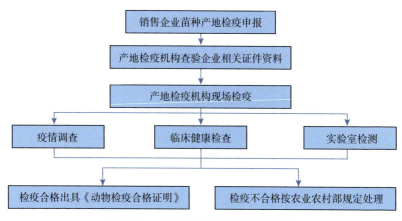

图15-1　水产苗种产地检疫工作流程

第二节 鱼类苗种产地检疫对象及检疫范围

鲤、草鱼、鲫等淡水品种是宁夏主要推广的品种，养殖产量占水产品总产量的85%。宁夏鱼类苗种产地检疫对象主要包含8种疫病，分别为鲤春病毒血症、草鱼出血病、传染性脾肾坏死病、锦鲤疱疹病毒病、传染性造血器官坏死病、鲫造血器官坏死病、鲤浮肿病和小瓜虫病，不同疫病的检测鱼类范围各不相同。检疫对象及检疫范围见表15-1。

表15-1 鱼类苗种产地检疫对象及检疫范围

类别	检疫对象	检疫范围
淡水鱼	鲤春病毒血症	鲤、锦鲤、金鱼
	草鱼出血病	青鱼、草鱼
	传染性脾肾坏死病	鳜、鲈
	锦鲤疱疹病毒病	鲤、锦鲤
	传染性造血器官坏死病	虹鳟（包括金鳟）
	鲫造血器官坏死病	鲫、金鱼
	鲤浮肿病	鲤、锦鲤
	小瓜虫病	淡水鱼类

第三节 甲壳类苗种产地检疫对象及检疫范围

虾蟹是宁夏"十四五"规划中重点推广的品种之一。宁夏甲壳类苗种产地检疫对象主要包含4种疫病，分别为白斑综合征、十足目虹彩病毒病、虾肝肠胞虫病和急性肝胰腺坏死病，不同疫病的检测范围各不相同。检疫对象及检疫范围见表15-2。

表15-2　甲壳类苗种产地检疫对象及检疫范围

类别	检疫对象	检疫范围
甲壳类	白斑综合征	对虾、克氏原螯虾
	十足目虹彩病毒病	对虾、克氏原螯虾、罗氏沼虾
	虾肝肠胞虫病	对虾
	急性肝胰腺坏死病	对虾

▶ 第四节　水生动物疫病病种及防治规范

2021年5月1日起,新修订的《中华人民共和国动物防疫法》施行,根据动物疫病对养殖业生产和人体健康的危害程度,该法规定的动物疫病分为三类。据此,农业农村部对原《一、二、三类动物疫病病种名录》进行了修订,以农业农村部公告第573号于2022年6月29日发布施行。修订后的水生动物疫病病种共有36种,其中:一类水生动物疫病0种、二类水生动物疫病14种、三类水生动物疫病22种。

一、14种二类水生动物疫病

（一）鱼类病（11种）

鲤春病毒血症、草鱼出血病、传染性脾肾坏死病、锦鲤疱疹病毒病、刺激隐核虫病、淡水鱼细菌性败血症、病毒性神经坏死病、传染性造血器官坏死病、流行性溃疡综合征、鲫造血器官坏死病、鲤浮肿病。

（二）甲壳类病（3种）

白斑综合征、十足目虹彩病毒病、虾肝肠胞虫病。

二、22种三类水生动物疫病

（一）鱼类病（11种）

真鲷虹彩病毒病、传染性胰脏坏死病、牙鲆弹状病毒病、鱼爱德华氏菌病、链球菌病、细菌性肾病、杀鲑气单胞菌病、小瓜虫病、黏孢子虫病、三代虫病、指环虫病。

（二）甲壳类病（5种）

黄头病、桃拉综合征、传染性皮下和造血组织坏死病、急性肝胰腺坏死病、河蟹螺原体病。

（三）贝类病（3种）

鲍疱疹病毒病、奥尔森派琴虫病、牡蛎疱疹病毒病。

（四）两栖与爬行类病（3种）

两栖类蛙虹彩病毒病、鳖腮腺炎病、蛙脑膜炎败血症。

三、三类动物疫病防治规范

农业农村部发布《三类动物疫病防治规范》，主要内容为：

（一）适用范围

1. 本规范所指三类动物疫病是《一、二、三类动物疫病病种名录》（中华人民共和国农业农村部公告第573号发布）中所列的三类动物疫病。

2. 本规范规定了三类动物疫病的预防、疫情报告及疫病诊治要求。

3. 本规范适用于中华人民共和国境内三类动物疫病防治的相关活动。

（二）疫病预防

1. 从事动物饲养、屠宰、经营、隔离、运输等活动的单位和个人应当加强管理，保持畜禽养殖环境卫生清洁、通风良好、合理的环境温度和湿度；确保水生动物养殖场所具有合格水源、独立进排水系统，保持适宜的养殖水环境。

2. 从事动物饲养、屠宰、经营、隔离、运输等活动的单位和个人应当建立并执行动物防疫消毒制度，科学规范开展消毒工作，及时对病死动物及其排泄物、被污染的饲料、垫料等进行无害化处理。

3. 从事动物饲养、屠宰、经营、隔离等活动的单位和个人应控制车辆、人员、物品等进出，并严格消毒。

4. 动物饲养场和隔离场所、动物屠宰加工场所以及动物和动物产品无害化处理场所应当取得动物防疫条件合格证；经营动物、动物产品的集贸市场应当具备相应动物防疫条件。

5. 应使用营养全面、品质良好的饲料。畜禽养殖应使用清洁饮水，鼓励采取全进全出、自繁自养的饲养方式。

6. 养殖场户可根据本地区疫病流行情况，合理制定免疫程序，对危害严重的疫病实施免疫。

7. 养殖场户应根据国家和本地区的动物疫病防治要求，主动开展疫病净化工作。

8. 饲养种用、乳用动物的单位和个人，应按照相应动物健康标准等规定，定期开展动物疫病检测；检测不合格的，应当按照国家有关规定处理。

（三）疫情报告

1. 从事动物饲养、屠宰、经营、隔离、运输等活动的单位和个人发现动物患病或疑似患病时，应当立即向所在地农业农村主管部门或者动物疫病预防控制机构报告，并迅速采取消毒、隔离、控制移动等控制措施，防止动物疫情扩散。其他单位和个人发现动物患病或疑似患病时，应当及时报告。

2. 执业兽医、乡村兽医以及从事动物疫病检测、检验检疫、诊疗等活动的单位和个人在开展动物疫病诊断、检测过程中发现动物患病或疑似患病时，应及时将动物疫病发生情况向所在地农业农村主管部门或者动物疫病预防控制机构报告。

3. 县级以上动物疫病预防控制机构应每月汇总本行政区域内动物疫情信息，经同级农业农村主管部门审核后逐级报送，畜禽疫情报中国动物疫病预防控制中心，水生动物疫情报全国水产技术推广总站。中国动物疫病预防控制中心和全国水产技术推广总站按规定报送农业农村部。

4. 三类动物疫病发病率、死亡率、传播速度出现异常升高等情况，或呈暴发性流行时，应当按照动物疫情快报要求进行报告。

（四）疫病诊治

1. 经临床诊断、流行病学调查或实验室检测，综合研判认定为三类动物疫病的，可对患病动物进行治疗。

2. 对于需使用抗菌药、抗病毒药、驱虫和杀虫剂、消毒剂等进行治疗的，应当符合国家兽药管理规定。药物使用应确保精准，严格执行用药时间、剂量、疗程、休药期等规定，建立用药记录，并保存2年以上。

3. 治疗畜禽寄生虫病后，应及时收集排出的虫体和粪便，并进行无害化处理。

4. 患病水生动物养殖尾水应经无害化处理后再行排放。

5. 对患病畜禽应隔离饲养，必要时对患病动物的同群动物采取给药、免疫等预防性措施。

6. 动物疫病诊疗过程中，相关人员应做好个人防护。治疗期间所使用的用具应严格消毒，产生的医疗废弃物等应进行无害化处理。

第十六章

水产养殖用药明白纸

▶ **第一节 水产养殖用药明白纸1号**

一、水产养殖食用动物中禁止使用的药品及其他化合物清单

按照农业农村部公告第250号中的规定，水产养殖食用动物中禁止使用的药品及其他化合物清单见表16-1。

表16-1 水产养殖食用动物中禁止使用的药品及其他化合物清单

序号	名称
1	酒石酸锑钾
2	β-兴奋剂类及其盐、酯
3	汞制剂：氯化亚汞（甘汞）、醋酸汞
4	毒杀芬（氯化烯）
5	卡巴氧及其盐、酯
6	呋喃丹（克百威）
7	氯霉素及其盐、酯
8	杀虫脒（克死螨）
9	氨苯砜
10	硝基呋喃类：呋喃西林、呋喃妥因、呋喃它酮、呋喃唑酮、呋喃苯烯酸钠
11	林丹
12	孔雀石绿

序号	名称
13	类固醇激素：醋酸美仑孕酮、甲基睾丸酮、群勃龙（去甲雄三烯醇酮）、玉米赤霉醇
14	安眠酮
15	硝呋烯腙
16	五氯酚酸钠
17	硝基咪唑类：洛硝达唑、替硝唑
18	硝基酚钠
19	己二烯雌酚、己烯雌酚、己烷雌酚及其盐、酯
20	锥虫砷胺
21	万古霉素及其盐、酯

二、水产养殖食用动物中停止使用的兽药

按照农业部公告第2292号、第2294号、第2638号中的规定，水产养殖食用动物中停止使用的兽药清单见表16-2。

表16-2　水产养殖食用动物中停止使用的兽药

序号	名称
1	洛美沙星、培氟沙星、氧氟沙星、诺氟沙星4种兽药的原料药的各种盐、酯及其各种制剂
2	噬菌蛭弧菌微生态制剂（生物制菌王）
3	喹乙醇、氨苯胂酸、洛克沙胂3种兽药的原料药及各种制剂

注：《兽药管理条例》第三十九条规定："禁止使用假、劣兽药以及国务院兽医行政管理部门规定禁止使用的药品和其他化合物。"第四十一条规定："禁止将原料药直接添加到饲料及动物饮用水中或者直接饲喂动物，禁止将人用药品用于动物。"第三十五条规定："严禁使用农药毒鱼、虾、鸟、兽等。"

依据《中华人民共和国农产品质量安全法》《兽药管理条例》等有关规定，地西泮等畜禽用兽药在我国均未经审查批准用于水产动物，在水产养殖过程中不得使用。

三、鉴别假、劣兽药必知

1.《兽药管理条例》第四十七条规定：**"有下列情形之一的，为假兽药：（一）以非兽药冒充兽药或者以他种兽药冒充此种兽药的；（二）兽药所含成分的种类、名称与兽药国家标准不符合的。有下列情形之一的，按照假兽药处理：（一）国务院兽药行政管理部门规定禁止使用的；（二）依照本条例规定应当经审查批准而未经审查批准即生产、进口的，或者依照本条例规定应当经抽查检验、审查核对而未经抽查检验、审查核对即销售、进口的；（三）变质的；（四）被污染的；（五）所标明的适应症或者功能主治超出规定范围的。"

2.《兽药管理条例》第四十八条规定：**"有下列情形之一的，为劣兽药：（一）成分含量不符合兽药国家标准或者不标明有效成分的；（二）不标明或者更改有效期或者超过有效期的；（三）不标明或者更改产品批号的；（四）其他不符合兽药国家标准，但不属于假兽药的。"

3.《兽药管理条例》第七十二条规定：**"兽药，是指用于预防、治疗、诊断动物疾病或者有目的地调节动物生理机能的物质（含药物饲料添加剂），主要包括：血清制品、疫苗、诊断制品、微生态制品、中药材、中成药、化学药品、抗生素、生化药品、放射性药品及外用杀虫剂、消毒剂等。"

4. 建议： 养殖者不要盲目听信部分药厂的推销和宣传，凡是称其产品为用于预防、治疗、诊断水产养殖动物疾病或者有目的地调节水产养殖动物生理机能的物质，必须有农业农村部核发的兽药产品批准文号（或进口兽药注册证号）和二维码标识。没有批号或未赋二维码的，依法应按照假、劣兽药处理。一旦发现假、劣兽药，应立即向当地农业农村（畜牧兽医）主管部门举报，杜绝购买使用假、劣兽药。

水产养殖用兽药查询方法：可通过中国兽药信息网（www. ivdc.org.cn）-"国家兽药基础数据"中"兽药产品批准文号数据"，以及"国家兽药综合查询App"手机软件等方式查询。

四、水产养殖规范用药"六个不用"

一不用禁停用药物；二不用假劣兽药；三不用原料药；四不用人用药；五不用化学农药；六不用未批准的水产养殖用兽药。

▶ 第二节　水产养殖用药明白纸2号

按照兽药典2020年版、兽药质量标准2017年版、农业部公告、农业农村部公告的相关要求，截至2022年9月30日，已批准的水产养殖用兽药名单见表16-3。

表16-3　已批准的水产养殖用兽药（截至2022年9月30日）

序号	名称	依据	休药期	序号	名称	依据	休药期
			抗生素				
1	甲砜霉素粉*	A	500度日	2	氟苯尼考粉*	A	375度日
3	氟苯尼考注射液	A	375度日	4	氟甲喹粉*	B	175度日
5	恩诺沙星粉（水产用）*	B	500度日	6	盐酸多西环素粉（水产用）*	B	750度日
7	维生素C磷酸酯镁盐酸环丙沙星预混剂	B	500度日	8	盐酸环丙沙星盐酸小檗碱预混剂	B	500度日
9	硫酸新霉素粉（水产用）*	B	500度日	10	磺胺间甲氧嘧啶钠粉（水产用）*	B	500度日

序号	名称	依据	休药期	序号	名称	依据	休药期
11	复方磺胺嘧啶粉（水产用）*	B	500度日	12	复方磺胺二甲嘧啶粉（水产用）*	B	500度日
13	复方磺胺甲噁唑粉（水产用）*	B	500度日				

驱虫和杀虫药

序号	名称	依据	休药期	序号	名称	依据	休药期
14	复方甲苯咪唑粉	A	150度日	15	甲苯咪唑溶液（水产用）*	B	500度日
16	地克珠利预混剂（水产用）	B	500度日	17	阿苯达唑粉（水产用）	B	500度日
18	吡喹酮预混剂（水产用）	B	500度日	19	辛硫磷溶液（水产用）*	B	500度日
20	敌百虫溶液（水产用）*	B	500度日	21	精制敌百虫粉（水产用）*	B	500度日
22	盐酸氯苯胍粉（水产用）	B	500度日	23	氯硝柳胺粉（水产用）	B	500度日
24	硫酸锌粉（水产用）	B	未规定	25	硫酸锌三氯异氰脲酸粉（水产用）		未规定
26	硫酸铜硫酸亚铁粉（水产用）	B	未规定	27	氰戊菊酯溶液（水产用）*	B	500度日
28	溴氰菊酯溶液（水产用）*	B	500度日	29	高效氯氰菊酯溶液（水产用）	B	500度日

抗真菌药

序号	名称	依据	休药期
30	复方甲霜灵粉	C2505	240度日

消毒剂

序号	名称	依据	休药期	序号	名称	依据	休药期
31	三氯异氰脲酸粉	B	未规定	32	三氯异氰脲酸粉（水产用）	B	未规定
33	浓戊二醛溶液（水产用）	B	未规定	34	稀戊二醛溶液（水产用）	B	未规定

序号	名称	依据	休药期	序号	名称	依据	休药期
35	戊二醛苯扎溴铵溶液（水产用）	B	未规定	36	次氯酸钠溶液（水产用）	B	未规定
37	过碳酸钠（水产用）	B	未规定	38	过硼酸钠粉（水产用）	B	0度日
39	过氧化钙粉（水产用）	B	未规定	40	过氧化氢溶液（水产用）	B	未规定
41	含氯石灰（水产用）	B	未规定	42	苯扎溴铵溶液（水产用）	B	未规定
43	癸甲溴铵碘复合溶液	B	未规定	44	高碘酸钠溶液（水产用）	B	未规定
45	蛋氨酸碘粉	B	虾0日	46	蛋氨酸碘溶液	B	鱼虾0日
47	硫代硫酸钠粉（水产用）	B	未规定	48	硫酸铝钾粉（水产用）	B	未规定
49	碘附（Ⅰ）	B	未规定	50	复合碘溶液（水产用）	B	未规定
51	溴氯海因粉（水产用）	B	未规定	52	聚维酮碘溶液（Ⅱ）	B	未规定
53	聚维酮碘溶液（水产用）	B	500度日	54	复合亚氯酸钠粉	C2236	0度日
55	过硫酸氢钾复合物粉	C2357	未规定				
中药材和中成药							
56	大黄末	A	未规定	57	大黄芩鱼散	A	未规定
58	虾蟹脱壳促长散	A	未规定	59	穿梅三黄散	A	未规定
60	蚌毒灵散	A	未规定	61	七味板蓝根散	B	未规定
62	大黄末（水产用）	B	未规定	63	大黄解毒散	B	未规定

序号	名称	依据	休药期	序号	名称	依据	休药期
64	大黄芩蓝散	B	未规定	65	大黄侧柏叶合剂	B	未规定
66	大黄五倍子散	B	未规定	67	三黄散（水产用）	B	未规定
68	山青五黄散	B	未规定	69	川楝陈皮散	B	未规定
70	六味地黄散（水产用）	B	未规定	71	六味黄龙散	B	未规定
72	双黄白头翁散	B	未规定	73	双黄苦参散	B	未规定
74	五倍子末	B	未规定	75	石知散（水产用）	B	未规定
76	龙胆泻肝散（水产用）	B	未规定	77	加减消黄散（水产用）	B	未规定
78	百部贯众散	B	未规定	79	地锦草末	B	未规定
80	地锦鹤草散	B	未规定	81	芪参散	B	未规定
82	驱虫散（水产用）	B	未规定	83	苍术香连散（水产用）	B	未规定
84	扶正解毒散（水产用）	B	未规定	85	肝胆利康散	B	未规定
86	连翘解毒散	B	未规定	87	板黄散	B	未规定
88	板蓝根末	B	未规定	89	板蓝根大黄散	B	未规定
90	青莲散	B	未规定	91	青连白贯散	B	未规定
92	青板黄柏散	B	未规定	93	苦参末	B	未规定
94	虎黄合剂	B	未规定	95	虾康颗粒	B	未规定
96	柴黄益肝散	B	未规定	97	根连解毒散	B	未规定
98	清健散	B	未规定	99	清热散（水产用）	B	未规定
100	脱壳促长散	B	未规定	101	黄连解毒散（水产用）	B	未规定

序号	名称	依据	休药期	序号	名称	依据	休药期
102	黄芪多糖粉	B	未规定	103	银翘板蓝根散	B	未规定
104	雷丸槟榔散	B	未规定	105	蒲甘散	B	未规定
106	博落回散	C2374	未规定	107	银黄可溶性粉	C2415	未规定
生物制品							
108	草鱼出血病灭活疫苗	A	未规定	109	草鱼出血病活疫苗（GCHV－892株）	B	未规定
110	牙鲆鱼溶藻弧菌、鳗弧菌、迟缓爱德华菌病多联抗独特型抗体疫苗	B	未规定	111	嗜水气单胞菌败血症灭活疫苗	B	未规定
112	鱼虹彩病毒病灭活疫苗	C2152	未规定	113	大菱鲆迟钝爱德华氏菌活疫苗（EIBAV1株）	C2270	未规定
114	大菱鲆鳗弧菌基因工程活疫苗（MVAV6 203株）	D158	未规定	115	鳜传染性脾肾坏死病灭活疫苗（NH0 618株）	D253	未规定
维生素类药							
116	亚硫酸氢钠甲萘醌粉（水产用）	B	未规定	117	维生素C钠粉（水产用）	B	未规定
生物制品							
118	注射用促黄体素释放激素A2	B	未规定	119	注射用促黄体素释放激素A3	B	未规定
120	注射用复方鲑鱼促性腺激素释放激素类似物	B	未规定	121	注射用复方绒促性素A型（水产用）	B	未规定
122	注射用复方绒促性素B型（水产用）	B	未规定	123	注射用绒促性素（I）	B	未规定

序号	名称	依据	休药期	序号	名称	依据	休药期
124	鲑鱼促性腺激素释放激素类似物	D520	未规定				
			其他类				
125	多潘立酮注射液	B	未规定	126	盐酸甜菜碱预混剂（水产用）	B	0度日

说明：

1. 对2020年版进行修订，抗菌药中增补"盐酸环丙沙星盐酸小檗碱预混剂"，中草药中剔除"五味常青颗粒"，激素类中新增"鲑鱼促性腺激素释放激素类似物"。

2. 本表仅供参考，已批准的兽药名称、用法用量和休药期，以兽药典、兽药质量标准和相关公告为准。

3. 代码解释，A：兽药典2020年版，B：兽药质量标准2017年版，C：农业部公告，D：农业农村部公告。

4. 休药期中"度日"是指水温与停药天数乘积，如某种兽药休药期为500度日，当水温25℃时，至少需停药20日以上，即：25℃×20日=500度日。

5. 水产养殖生产者应依法做好用药记录，使用有休药期规定的兽药必须遵守休药期。

6. 带*的为兽用处方药，需凭借执业兽医开具的处方购买和使用。

第四部分

水质检测及
水产品监测篇

渔业水质检测

▶ **第一节　渔业水体中有益微生物的作用**

在水产养殖中，常用的有益微生物及其制剂主要有光合细菌、芽孢杆菌、硝化细菌、乳酸菌等，它们通过氧化、氨化、硝化、反硝化、解硫、固氮等作用，快速分解水体中的鱼类粪便、残饵、残体以及其他大分子有机物，分解水体中的氨氮、亚硝酸盐、硫化氢等有毒有害物质，抑制有害藻类生长，促进优良藻类繁殖，补充水产养殖动物肠道内的有益菌群，抑制致病菌的生长，降低发病率。微生物制剂也是一种优良的饲料添加剂，在渔业水质调节和水产养殖过程中有明显的效果。

一、光合细菌

（一）特性特征

光合细菌是地球上出现最早、自然界中普遍存在、具有原始光能合成体系的原核生物，属于一类没有形成芽孢能力的革兰氏阴性菌，菌体内的色素可以利用太阳光进行光合作用，在厌氧条件下进行繁殖。光合细菌在光合作用过程中不产生氧气，主要分布于水体环境中光线能透射到的缺氧区。

（二）作用机理

主要利用养殖水体中的小分子有机物、硫化氢作为供氢体，利用铵盐、亚硝酸盐等作为氮源，通过光合作用合成有机氮化合物，降解水体中的小分子有机物、硫化氢、铵盐、亚硝酸盐等有毒有害物质而净化水质，能有效避免"水华"的产生，如避免蓝藻的大量繁殖。水体中施入光合细菌后，硅藻、小球藻等有益藻类成为优势藻类，而蓝藻、甲藻等有害藻类受到抑制。

（三）使用范围

光合细菌以紫色非硫细菌所属的一种或多种光合细菌为菌种，经培养形成活菌液态制剂。水产养殖中普遍应用红假单胞菌进行水质净化、鱼病防治和饵料培养。

（四）适宜环境

适宜水温为15～40℃，最适水温为28～36℃。水温在20℃以上使用效果最佳。

（五）使用方法

水体中微囊藻过多、氨氮高时，用池塘水稀释光合细菌全池泼洒。水体过肥时，施用光合细菌促进有机污染物的转化，降低有害物质积累，提高水体溶氧量。水体过瘦时，先施有机肥再施用光合细菌，保持光合细菌在水体中的活力和繁殖优势，降低成本。

（六）注意事项

优质的光合细菌每毫升菌液应含光合细菌的数量为100亿个以上。光合细菌禁止用金属容器存放。当菌液发黑并有恶臭味时，表明活菌已死亡腐败不可使用。不可与消毒杀菌剂混合使用，水体消毒杀菌3天后方可使用。

二、枯草芽孢杆菌

（一）特性特征

属于革兰氏阳性菌，好氧，能产生孢子，芽孢生长繁殖过程中耗氧，是一类具有高活性消化酶、耐高温、抗应激性的异养菌。具有耐酸、耐盐、耐高温、快速复活和分泌多种能降解有机物的酶类（蛋白酶、淀粉酶、脂肪酶）等特点，不仅能有效抑制宿主肠道中有害病菌的生长，提高机体抗病能力，还能直接利用水体中的硝酸盐和亚硝酸盐，分解池底有机物，缓解养殖水体富营养化。

（二）作用机理

一是繁殖过程中分泌胞外酶，将水体中的鱼类排泄物、残饵、生物残体以及有机碎屑等大分子有机物矿化为藻类所需的营养盐类，减少池塘内有机物的耗氧量，从而间接增加水体中的溶解氧，起到净化水质的作用。二是通过代谢过程中产生的多肽类物质，降低池塘沉积物中的发光弧菌数量，抑制池塘中致病菌的繁殖和生长，降低鱼类发病率。三是能够改善水生动物肠道微生物的种群结构，增强动物的消化吸收功能，促进动物对钙、磷、铁的利用以及对维生素D的吸收，增强机体抗病力。

（三）使用范围

池塘肥水或养殖过程中，施用芽孢杆菌制剂形成优势种群，转化鱼类代谢产物，优化水环境。同时，形成的有益生物絮团作为鱼类的优质饵料，净化水体环境、降低饲料系数。

（四）适宜环境

水体的pH为6.0～9.5，水温10～38℃。高溶氧时繁殖速度快，提高分解大分子有机物的效率。

（五）使用方法

泼洒芽孢杆菌后要及时增氧，使其在高溶氧水体中迅速繁殖形成种群优势。池塘底质恶化、藻相不佳时，泼洒芽孢杆菌能够迅速矿化水体中的大分子有机物质。

（六）注意事项

芽孢杆菌是一种好气性细菌，2分钟就可以繁殖一代，应在晴天使用。制剂多为粉状产品，以休眠孢子的形式存在，使用前需打氧活化6～8小时进行增殖后再稀释。泼洒时，最好开启增氧机，增加溶氧，使其在水体中迅速繁殖形成种群优势。

三、硝化细菌

（一）特性特征

属于自养型好氧细菌，在高溶氧、高温条件下，以氨、亚硝酸盐作为能源，以二氧化碳作为碳源进行繁殖和生长。主要分为亚硝化细菌和硝化细菌两个亚群。在水产养殖中，是降解分子氨和亚硝酸盐的主要细菌之一。

（二）作用机理

溶氧充足、温度较高时，亚硝化细菌将水体中的氨氮转化为亚硝酸盐，硝化细菌将水体中的分子氨和亚硝酸盐转化为无毒无害的硝酸盐。

（三）使用范围

存活需要水分和较高的氧气含量，20多小时才能繁殖一代，泼洒硝化细菌5天后才能进入高峰期。

（四）适宜环境

温度25℃左右时生长繁殖最快，适宜生活在弱碱性水体中。

（五）使用方法

与沸石粉等沉淀物混合泼洒，使硝化细菌附着在无机物上快速沉于水底。

（六）注意事项

硝化细菌不可与过氧化钙等化学增氧剂一起使用，要错开时间使用。

四、EM菌

（一）特性特征

由光合细菌、酵母菌、乳酸菌等多类菌群中的近百种有益菌种培养而成的复合微生物菌群。酵母菌属于单细胞真菌，富氧时能将水中的糖类、有机酸完全氧化分解为二氧化碳和水；缺氧时能将水中的糖类分解为酒精和水。乳酸菌属于厌氧或兼性厌氧菌，是一类能利用可发酵碳水化合物产生大量乳酸的细菌的统称。

（二）作用机理

能将水体中的有机物经过一系列分解合成而形成各种营养元素，减少氨、硫化氢等有毒物质，净化鱼的排泄物和残饵，改善水质和底质。酵母菌能迅速降低水中生物耗氧量，添加到饲料中能刺激鱼虾分泌淀粉酶而提高饲料利用率，能抑制鱼类肠道中有害菌的生长。乳酸菌代替抗生素在水产养殖中的应用主要体现在水质改良、治疗疾病以及提高水产动物免疫力等方面。

（三）乳酸菌使用范围

乳酸菌制剂是以乳酸菌、醋酸菌、酵母菌等为菌种，经发酵培养而成的液态活菌制剂，可以利用有机酸、糖、肽等溶解态有机物，快速降解亚硝酸盐，使水质清新。可有效地改善水产动物胃肠内环境和菌群结构，促进营养质消化吸收，抑制病原菌繁殖，提高机体抗病能力。

（四）乳酸菌适宜环境

乳酸菌适宜的水体pH为6.0～9.5，适宜生长的水温为10～38℃。

（五）乳酸菌使用方法

当养殖水体水质浑浊、亚硝酸盐增高、pH过高、碱度过大时，及时施用乳酸菌制剂进行水质调控。

（六）乳酸菌注意事项

乳酸菌制剂液体呈酸性，pH为3～5，使用前应先调节水体pH，使用时可用一定比例的红糖水活化、增殖，提高使用效率。

第二节　渔业水质检测流程

水产养殖是一种高密度、高投入、高产出的养殖方式，养殖过程中投喂饵料、使用添加剂和促生长剂，以及病害防治过程中使用各种消毒剂、抗生素等药物，会对水体环境产生一定影响。为了贯彻执行《中华人民共和国环境保护法》《中华人民共和国水污染防治法》《中华人民共和国渔业法》，防止和控制渔业水域水质污染，保证水产养殖品种的正常生长、繁殖和水产品的质量安全，要求对渔业水域的水质进行检测。渔业水质检测流程见图17-1。

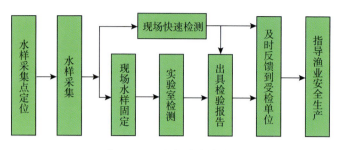

图17-1　渔业水质检测流程

第三节　淡水养殖尾水排放标准

一、养殖尾水分级

按照水产行业标准《淡水池塘养殖水排放要求》（SC/T 9101—2007）中的规定，根据淡水养殖尾水受纳水体的使用功能和淡水养殖尾水的特性与危害程度，将淡水养殖尾水排放标准分为一级标准与二级标准。

二、淡水养殖尾水检测项目及标准

宁夏水产养殖尾水治理后的排放要求：以《淡水池塘养殖水排放要求》（SC/T 9101—2007）中的10个数值为依据，不同标准值的尾水排放到相应的排放区域。尾水检测项目和标准分类值见表17-1。

表17-1　淡水养殖尾水排放标准值（引自SC/T 9101—2007）

序号	项目	一级标准	二级标准
1	悬浮物（毫克/升）	≤50	≤100
2	pH	6.0～9.0	
3	化学需氧量（COD$_{Mn}$）（毫克/升）	≤15	≤25
4	生化需氧量（BOD$_5$）（毫克/升）	≤10	≤15
5	锌（毫克/升）	≤0.5	≤1.0
6	铜（毫克/升）	≤0.1	≤0.2
7	总磷（毫克/升）	≤0.5	≤1.0
8	总氮（毫克/升）	≤3.0	≤5.0
9	硫化物（毫克/升）	≤0.2	≤0.5
10	总余氯（毫克/升）	≤0.1	≤0.2

三、尾水排放区域划分

按照水产行业标准《淡水池塘养殖水排放要求》（SC/T 9101—2007）中的规定，淡水养殖尾水排放区域分为特殊保护水域、重点保护水域、一般水域共3个类型。

特殊保护水域，指GB 3838—2002中Ⅰ类水域，主要适合于源头水、国家自然保护区，在此区域不得新建淡水池塘养殖水排放口，原有的养殖用水应循环使用或对排放水进行处理，一时无法安排的养殖水排放应达到表17-1中的一级标准。

重点保护水域，指GB 3838—2002中Ⅱ类水域，主要适合于集中式生活饮用水源地一级保护区、珍稀水生生物栖息地、鱼虾类产卵场、仔稚幼鱼的索饵场等，在此区域不得新建淡水池塘养殖水排放口，原有的养殖水排放应达到表17-1中的一级标准。

一般水域，指 GB 3838—2002 中 Ⅲ 类、Ⅳ 类和 Ⅴ 类水域，主要适合于集中式生活饮用水源地二级保护区、鱼虾类越冬场、洄游通道、水产养殖区、游泳区、工业用水区、人体非直接接触的娱乐用水区、农业用水区及一般景观要求水域，排入该水域的淡水池塘养殖水执行表 17-1 中的二级标准。

四、养殖尾水排放要求

要求养殖尾水排放到环境中经过自然扩散、稀释净化后，对环境不产生危害，符合受纳水体的环境要求。不符合排放要求的尾水，在排放前必须经过处理，达到排放标准后才可排放。

第十八章

水产品监测

第一节　产地水产品监测

产地水产品监测是指对本地区的养殖场点养殖的水产品开展药物残留检测检验，目的是加强水产养殖用兽药及其他投入品使用的监督管理，提升养殖水产品质量安全水平，推进水产绿色健康养殖。每年在全区的养殖场点进行抽样，主要抽样品种有鲤、草鱼、鲫、斑点叉尾鮰、鲈鱼等，现场抽样、制样，实验室检测相关参数，出具检验报告，确保水品质量安全。产地水产品监测检验流程见图18-1。

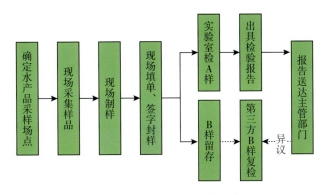

图18-1　产地水产品监测检验流程

承担农产品质量安全监督抽查抽样、执法工作的农业农村部门，按照《国家农产品质量安全监督抽查实施细则》，严格遵守农产品质量安全监督抽查和"双随机"的有关要求和规定，确保抽样程序规范。

▶ ## 第二节　市场水产品监测

　　市场水产品质量安全例行监测是指对全区批发市场、农贸市场的水产品销售摊位、运输车辆中的水产品进行抽样，抽样品种为市面上流通的主要水产品种，有鲤、草鱼、鲫、鲢、鳙、斑点叉尾鮰、虹鳟、大黄鱼、鲈鱼、大菱鲆、虾等，现场抽样、实验室制样并检测相关参数。市场水产品例行监测检验流程见图18-2。

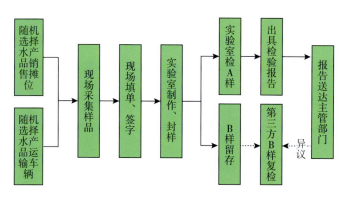

图18-2　市场水产品例行监测检验流程

　　水产品质量安全例行监测是确保水产品质量安全的重要手段之一，是严格落实农产品质量安全"四个最严""产出来""管出来"的要求，能够及时发现和防控风险隐患，充分发挥监测工作在排查隐患、风险预警、风险防控和监管执法中的技术支撑作用。市场环节抽样，要明确溯源信息，包括抽检样品的供应商名称、地址、电话或生产者名称、地址等，严格遵守《农产品质量安全监测管理办法》《国家农产品质量安全例行监测（风险监测）

实施细则》。

第三节　水产品检测项目及限量值

水产品监测检验工作严格按照有关法律法规、规章执行，承检机构检验样品时，按照质量管理要求，确保检验结果准确、可靠，抽样机构快速、随机抽样，快速检测，确保抽检时效性。不合格检验结论出具后，承检机构要在2个工作日内将不合格样品信息反馈上级监管部门。水产品检测项目及其限量值见表18-1。

表18-1　水产品检测项目及其限量值

序号	检测项目	限量	备注
1	氯霉素	不得检出	禁用药物
2	孔雀石绿（包括有色孔雀石绿和无色孔雀石绿）	不得检出	禁用药物
3	硝基呋喃类代谢物（包括呋喃唑酮、呋喃它酮、呋喃西林、呋喃妥因4种代谢物）	不得检出	禁用药物
4	甲砜霉素、氟苯尼考和氟苯尼考胺	甲砜霉素≤50微克/千克，氟苯尼考和氟苯尼考胺的总量≤1 000微克/千克	常规药物
5	磺胺类（包括磺胺噻唑、磺胺嘧啶、磺胺甲基嘧啶、磺胺二甲基嘧啶、磺胺甲基异噁唑、磺胺多辛、磺胺异噁唑、磺胺喹噁啉、磺胺间甲氧嘧啶、磺胺间二甲氧嘧啶、磺胺氯哒嗪和磺胺甲噻二唑等12种）	磺胺嘧啶等12种的总量≤100微克/千克	常规药物

序号	检测项目	限量	备注
6	氟喹诺酮类（包括恩诺沙星、环丙沙星）	恩诺沙星和环丙沙星的总量≤100微克/千克	常规药物
7	氟喹诺酮类（诺氟沙星、氧氟沙星、培氟沙星和洛美沙星）	诺氟沙星、氧氟沙星、培氟沙星和洛美沙星各≤2.0微克/千克	停用药物
8	地西泮	地西泮≤0.5微克/千克	未经审查批准不得用于水产动物的药物

参考文献

白富瑾，张朝阳，李斌，2019. 宁夏流水槽循环水养鱼的模式创新与技术提升 [J]. 中国水产（8）：25-28.

崔利锋，2022. 水生动物防疫系列宣传图册 [M]. 北京：中国农业出版社.

崔利锋，陈学洲，顾志敏，2022. 水产养殖尾水生态处理技术模式 [M]. 北京：中国农业出版社.

胡红浪，来琦芳，么宗利，2021. 盐碱地绿色养殖技术模式 [M]. 北京：中国农业出版社.

胡红浪，张永江，陈学洲，2021. 池塘流水槽循环水养殖技术模式 [M]. 北京：中国农业出版社.

李斌，张朝阳，2015. 宁夏优质水产品标准化健康养殖技术 [M]. 北京：中国农业出版社.

李斌，张朝阳，白富瑾，等，2019. 稻田镶嵌流水槽生态循环综合种养模式研究 [J]. 中国水产（2）：71-74.

石伟，张朝阳，李斌，2023. 宁夏水产基地"三池两坝"尾水系统构建及治理效果分析 [J]. 科学养鱼（1）：26-27.

王建勇，李斌，张朝阳，等，2021. 稻田＋陆基玻璃钢设施稻渔共作实验研究 [J]. 中国水产（5）：70-72.

王亮，贾春艳，黄军红，2019. 宁夏灵武市稻田集成流水槽综合种养技术研究与示范 [J]. 中国水产（1）：100-103.

吴旭东，2016. 宁夏现代渔业发展规划与战略研究 [M]. 宁夏：黄河出版传媒集团.

于秀娟，成永旭，郝向举，2021. 稻渔综合种养技术模式 [M]. 北京：中国农业出版社.

张朝阳，郭兴忠，2018. 宁夏池塘底排污系统构建及管理技术 [J]. 中国水产（2）：92-94.

张朝阳，李斌，白富瑾，等，2021. 构建池塘流水槽集污系统提升尾水治理效果试验研究 [J]. 中国水产（8）：69-72.

张朝阳，李斌，张小晓，等，2016. 宁夏引黄灌区稻渔综合种养产业分析和发展研究[J].中国水产（6）：40-44.

张朝阳，李斌，张小晓，等，2017.宁夏地区池塘循环水生态养鱼技术研究[J].中国水产（7）：86-88.

张朝阳，石伟，刘巍，等，2022.流水槽池塘结合稻渔共作稻田尾水治理效果研究[J].中国水产（9）：70-72.

张朝阳，李勇，刘巍，等，2023.菜棚鱼菜共作模式构建、尾水利用及效益前景分析研究[J].中国水产（1）：89-93.

赵淑琴，王红艳，2022.宁夏平罗县2021年稻渔生态综合种养技术报告[J].渔业致富指南（4）：22-26.